Animer un groupe

Leadership, communication et résolution de conflits

Groupe Eyrolles
61, bd Saint-Germain
75240 Paris cedex 05

www.editions-eyrolles.com

© Groupe Eyrolles, 2007, 2013
ISBN : 978-2-212-55626-1

Christophe Carré

Animer un groupe

Leadership, communication
et résolution de conflits

Deuxième édition

EYROLLES

Sommaire

Partie II

Se préparer avant une intervention

Partie III

Optimiser la communication

Partie IV
À chaque situation sa stratégie

Entrez dans l'orchestre !

Dans un contexte social, professionnel ou plus personnel, chacun d'entre nous est amené à faire partie d'une multitude de groupes, plus ou moins officiels, dans lesquels les individus échangent, s'influencent et se perçoivent comme un « nous » parfois fragile.

Une fonction indispensable est au centre de l'activité du groupe et conditionne son efficacité et son existence même : c'est celle de l'animateur.

Animer un groupe, c'est lui donner une âme, du souffle, du sens, de la vie. C'est être un « accoucheur d'idées ». C'est être capable de catalyser les énergies et de comprendre les facteurs humains qui sont en jeu. C'est aussi permettre aux autres de s'exprimer dans les meilleures conditions, susciter un climat favorable à l'épanouissement des individus, faciliter l'organisation collective du travail et savoir gérer les situations critiques. Et cela, tout en restant soi-même, sincère, authentique et responsable. Vaste programme, me direz-vous !

Lorsque vous aurez achevé la lecture de cet ouvrage, et naturellement après l'avoir expérimenté sur le terrain, vous pourrez :

- maîtriser les fonctions essentielles de l'animation et vous situer personnellement en tant qu'animateur ;
- anticiper les phénomènes de groupe et intervenir à bon escient ;

1

- clarifier les orientations, les objectifs et les projets du groupe que vous animez, quelle que soit sa raison d'être ;
- instaurer un accueil de qualité et un climat de confiance qui vont influencer directement la qualité du travail collectif ;
- pratiquer une écoute attentive des participants, même s'ils ne partagent pas vos convictions et parvenir à les positionner dans le groupe ;
- renforcer la cohésion du groupe et le sentiment d'appartenance ;
- utiliser des outils de travail pour intervenir dans différentes situations, par exemple pour organiser une table ronde, une conférence-débat, une réunion de travail, etc.

Ce livre s'adresse à l'ensemble des personnes qui sont amenées à animer un groupe, de façon régulière ou non, dans un contexte social, professionnel, syndical, ou dans tout autre type de groupement ou d'organisation. Ainsi, cadres, techniciens, formateurs, enseignants, décideurs, élus, délégués du personnel mais aussi conférenciers, délégués de parents d'élèves, conseillers pédagogiques, dirigeants de clubs sportifs, présidents d'associations, animateurs sociaux, responsables de groupements de copropriétaires trouveront dans ce livre plusieurs clés pour acquérir des savoir-être et des savoir-faire efficaces.

Cet ouvrage prétend répondre de façon simple et précise aux questions que vous vous posez. Comment fonctionne un groupe ? Quelles sont les fonctions clés de l'animateur ? Que faut-il que je fasse pour conduire le travail collectif tout en restant à l'aise ? Concrètement, quelles stratégies dois-je adopter ? De quelle façon créer le rapport et mettre le groupe en confiance ? À quels signes verrai-je que le courant passe ? Comment procéder en cas de conflit ou lorsque le groupe décroche ? Etc.

Je veux vous convaincre d'une chose : quels que soient son cursus et son milieu social, chacun d'entre nous dispose de toutes les ressources nécessaires pour améliorer ses capacités relationnelles et pour s'enrichir au contact d'un groupe. Si tel est réellement son objectif ! Mais y a-t-il des recettes ? Vous conviendrez avec moi qu'une bonne recette ne produit pas infailliblement un bon plat... Il en va de même pour ce qui touche aux relations humaines. Les recettes sont des aides efficaces pour obtenir des résultats, mais elles ne suffisent pas toujours. Si je m'en tiens *stricto sensu* à la logique rationnelle de ce qui est écrit dans mon livre de cuisine, il se pourrait bien que je rate mon plat.

Dans l'animation de groupe, pour que « la sauce prenne », il est nécessaire d'observer, d'écouter et de réinterpréter en permanence la réalité. En direct ! Et les recettes ne peuvent pas apporter de réponse à ce genre de complexité. Animer un groupe ne se limite donc pas à une technique, cela nécessite aussi une bonne connaissance des rapports humains.

Nos ancêtres ont évolué parce qu'ils étaient de très bons bricoleurs – un bricoleur trouve toujours, par tâtonnement, une solution à une situation qui pose problème – et parce qu'ils faisaient fonctionner leur intuition sans recourir de façon systématique au raisonnement logique. Dans les relations que nous entretenons avec les autres et notamment quand il s'agit d'animer un groupe, j'ai la conviction que ces deux aptitudes sont déterminantes.

« Communiquer, c'est entrer dans l'orchestre ! » : cette métaphore, empruntée à Gregory Bateson, illustre parfaitement la situation dans laquelle vous vous trouvez lorsque vous animez un groupe. Si vous assumez le rôle du chef d'orchestre, vous ne pourrez pas négliger un certain nombre d'éléments : être attentif au jeu des musiciens, savoir les écouter, réguler leur interprétation, adapter votre comportement au leur, prendre en compte l'acoustique de la salle et l'humeur du public, etc.

Pour vous, il ne s'agit pas de décoder votre partition avec la régularité d'un métronome, mais bel et bien d'être l'architecte, ici et maintenant, d'une production collective.

Alors libérez votre émotion, soyez l'homme de la situation et entrez dans l'orchestre !

3

Partie I

COMPRENDRE LE GROUPE ET SA DYNAMIQUE

Bien que fortement liée à des critères individuels, la question de savoir s'il est aisé d'animer un groupe appelle une réponse plutôt négative. Lorsque vous intervenez dans un groupe, que ce soit pour apporter des informations, renforcer la coopération, encourager la participation des uns et des autres ou modifier des comportements, vous vous placez dans une situation périlleuse que certaines personnes tiennent même pour dangereuse. « Ça commence à me travailler plusieurs jours avant la réunion. Je ressens des douleurs abdominales, j'ai les mains moites et la bouche sèche. Je me dis que je dois faire des efforts, que je n'ai pas le droit à l'erreur », confie Michel A., directeur d'une entreprise de BTP. Les raisons en sont multiples : quelle que soit la personnalité de l'intervenant, le groupe représente un cadre social dans lequel de nombreuses forces entrent en jeu, avec lesquelles il n'est pas toujours très facile de composer. Par ailleurs, les rôles qui sont tenus par les membres du groupe déterminent certains types de relations. La nature de ces relations oriente le climat affectif du groupe.

« En direct » avec le groupe

On ne peut réduire le groupe à la simple juxtaposition des individus qui le composent : « Le tout est plus que la somme des parties.[1] »

Le groupe suppose une rencontre, dans un cadre à l'intérieur duquel se jouent à la fois des scénarios individuels et une histoire collective. La qualité de la communication entre les participants eux-mêmes, ainsi qu'entre les participants et l'intervenant[2], est entièrement soumise à des processus collectifs complexes, à des tensions et à des phénomènes de résistance qui ne sont pas toujours faciles à élucider parce qu'ils sont la plupart du temps inconscients.

Lorsque vous animez un groupe, vous parlez à des individus qui ont au moins un point commun : celui d'être en relation avec vous, ici et main-

---

1. *Cf.* les travaux de Kurt LEWIN, fondateur de la « dynamique des groupes ».
2. Nous utiliserons ce terme générique pour désigner le *leader*, l'animateur, le chef ou le conducteur du groupe.

tenant. On appelle ce type de communication une communication chaude parce que vous êtes « en direct ». Vous ne pouvez pas rembobiner une partie de votre intervention pour la modifier, changer un geste malencontreux ou une phrase mal formulée. C'est le problème du « coup parti ». Et vous ne disposez, dans cette situation, hormis quelques supports techniques (micro, projecteur, tableau de papier), que d'un seul instrument au service de votre conviction : votre corps. En retour, les participants vous renvoient des informations pour vous permettre de savoir si le courant passe… ou ne passe pas. Sans eux, votre communication n'a pas de sens.

Le tableau ci-dessous vous permet de comparer la communication chaude et la communication froide.

Communication chaude (ex. : une réunion de service)	Communication froide (ex. : une note interne)
Mise en présence des individus.	Utilisation d'un média.
En direct : la relation a lieu ici et maintenant.	En différé : l'émission et la réception du message n'ont pas lieu en même temps.
Lourd : la réunion implique une organisation et la présence physique des personnes concernées.	Léger : je peux ranger cette note dans un dossier sans en altérer le contenu.
Tous les sens sont sollicités.	Un sens est dominant (ici, la vision).
La relation prime sur le contenu.	Le contenu est dominant.
Je peux difficilement m'extraire du contexte.	Je peux prendre du recul.

Un mode de communication riche

Si la mise en présence des individus dans le groupe présente un certain nombre de risques, notamment pour l'intervenant, ce mode de communication est aussi l'un des plus riches pour les raisons suivantes :

• Le message est personnalisé : celui qui parle fait valoir, en direct, ses convictions.

- Le *feed-back*[1] est immédiat : les risques de confusion ou de distorsion du message sont limités puisque l'intervenant peut agir pour expliquer, apporter des précisions, etc.
- L'information est adaptable aux besoins du groupe.
- La communication interpersonnelle permet de développer l'échange, la confrontation des points de vue et la coopération.
- Le travail de groupe augmente la créativité tout en réduisant la responsabilité des participants.

---

1. Terme emprunté à la cybernétique : ce sont les informations verbales et non-verbales que vous renvoient, en retour, vos interlocuteurs. L'analyse du *feed-back* vous permet de connaître la façon dont votre communication a été perçue par autrui.

Chapitre 1

Les clés du fonctionnement d'un groupe

Qu'est-ce qu'un groupe ?

Définition

D'après les travaux des psychologues sociaux, un groupe est un ensemble d'au moins deux personnes qui interagissent et s'influencent mutuellement pendant un temps suffisamment long pour que leur rencontre ne soit pas simplement anecdotique. En outre, ces personnes doivent se percevoir comme un « nous » par opposition aux autres.

Parler de groupe, c'est donc désigner de façon générique un ensemble d'individus qui ont quelque chose en commun : un but à atteindre, une tâche à accomplir, des informations à partager, des intérêts communs, etc. Le terme recouvre donc de multiples réalités (associations, groupes de formation, collectivités, fédérations, institutions, équipes de travail, filiales, clubs, groupes politiques, etc.).

Les différents types de groupes

Le tableau ci-dessous est une adaptation de la typologie établie par Didier Anzieu[1]. Il vous permet d'avoir une vision synthétique des différents types de groupes avec leurs caractéristiques principales, leurs modalités relationnelles et leurs actions communes possibles.

---

1. ANZIEU Didier, *La Dynamique des groupes restreints*, PUF, Paris, 2003 (13e édition).

9

Types de groupes	Foule	Bande	Groupement	Groupe primaire	Groupe secondaire
Exemples	Concert, meeting, match sportif, défi, etc.	Bande d'étudiants, bande armée, bande de jeunes, etc.	Associations, clubs sportifs, assemblées de copropriétaires, etc.	Famille, stage de formation, classe scolaire, etc.	Institutions locales ou nationales, entreprises, services publics, etc.
Degré d'organisation/différenciation des rôles	Très faible.	Faible.	Moyen.	Élevé.	Très élevé.
Durée de vie	Quelques minutes à quelques jours.	Quelques heures à quelques mois.	Plusieurs semaines à plusieurs années.	Quelques jours à plusieurs années.	Quelques mois à plusieurs siècles.
Taille du groupe	Très grande.	Faible (de 5 à 15 personnes).	Très faible à très élevée.	Faible (de 10 à 30 personnes).	De faible à très élevée.
Relations entre les individus	Propagation des émotions par contagion.	Recherche d'identification (à un pair ou à un modèle).	Centrées essentiellement sur les activités.	Richesse et force des émotions, variables de l'intimité à l'agressivité.	Centrées essentiellement sur les fonctions.
Effets possibles	Violences, comportements paroxystiques, développement de croyances.	Comportements défensifs à l'égard d'autres groupes ou de l'environnement extérieur.	Maintien autour de la tâche à accomplir.	Possibilités de changement.	Conformité, paresse sociale, induction par pression extérieure.
Conscience des buts	Faible.	Moyenne.	Moyenne.	Élevée.	De faible à très élevée.
Actions communes possibles	Actions extrêmes ou apathie.	Répétitives, spontanées, peu innovantes.	Centrées sur les tâches ; résistance fréquente à tout changement.	Créativité, innovation, également liées aux objectifs individuels.	Planifiées, liées aux objectifs des organisations mais poids des habitudes, des règles, de la hiérarchie.

Connaître le groupe

Pour connaître le groupe, il est nécessaire de savoir qui sont les individus qui le composent, comment ils fonctionnent, quelles sont leurs préoccupations, leurs valeurs[1], leurs points communs, en se gardant bien de généraliser ou d'enfermer les personnes dans des catégories standard. N'oubliez pas que les préjugés ne sont que le reflet d'une interprétation subjective de la réalité.

Votre connaissance du groupe portera sur deux registres qui sont étroitement liés : celui des individus, mais aussi celui des individus dans le groupe.

Les individus : Quels sont leur histoire personnelle, leur éducation, leur niveau de vie, leurs habitudes, leur manière de s'exprimer ?

Le groupe : Quels sont les façons de faire, les rites collectifs[2], les formes de coopération qui entrent en jeu, les phénomènes d'intégration, de rejet, les normes (les règles auxquelles les individus se conforment) et les forces agissantes ? Quelles sont les différentes personnalités du groupe ? Qu'est-ce qui fait que ce groupe existe et qu'il se trouve en face de vous ? Et vous-même, quelle représentation vous en faites-vous ?

Adapter sa prestation

Il n'est pas toujours facile d'avoir une vision précise du groupe, notamment quand celui-ci est de taille importante ou lorsque vous intervenez dans une assemblée hétérogène. C'est le cas, par exemple, si vous donnez une conférence publique : vous avez en face de vous des individus d'horizons différents, qui n'ont sans doute pas les mêmes préoccupations ; la vie du groupe se limite la plupart du temps à la durée de votre intervention. Cependant, chaque fois que cela est possible, sachez à qui vous vous adressez et adaptez votre message à vos interlocuteurs. Il s'agit là de la

---

1. Les valeurs d'un groupe recouvrent l'ensemble des comportements, des attitudes et des rôles qui font sens pour le groupe et auxquels chacun est censé adhérer.
2. L'ensemble des pratiques symboliques qui sont observées par le groupe.

pierre angulaire d'une communication efficace. Communiquer, c'est toujours signifier, de manière consciente ou non, quelque chose à quelqu'un. Repérez les caractéristiques de votre public pour être pertinent.

Pierre se laisse dépasser...

Pierre est adjoint au service des ressources humaines dans une société d'assurances, à un niveau régional. Une enquête de climat social lui a été demandée par son directeur. Pierre réunit l'ensemble des chefs de service et des responsables d'agence – soit une cinquantaine de personnes – dans une salle de conférences, au siège de la société. Il présente les avantages et les modalités de l'enquête avant de solliciter un débat ouvert des participants. Très vite, la discussion dérape. Pierre ne maîtrise plus la situation.

⇒ **Analyse**

Dans l'exemple ci-dessus, Pierre a convoqué un nombre important de personnes qui n'ont probablement pas les mêmes visions ni les mêmes attentes.

Il s'expose à trois écueils :

– La taille du groupe est beaucoup trop importante pour permettre une communication de qualité. Plus le nombre de participants est élevé, moins la cohésion du groupe est forte. Au-delà d'une vingtaine de personnes, il est difficile de réguler les échanges et d'obtenir une large participation des membres du groupe (dans un groupe de 50 personnes, on dénombre 1 225 possibilités d'échange ; avec un groupe de 12 personnes, le nombre descend à 66). La parole revient de fait aux plus bavards ou aux plus combatifs. Si la réunion en grand groupe ne pose aucun problème pour communiquer une information descendante, en revanche, les négociations y sont plus difficiles.

– Réunir des individus qui occupent des postes très différents dans l'entreprise revient à créer un groupe composite entièrement soumis à une contrainte externe : les participants n'ont pas librement choisi d'être ensemble ; ils répondent à une convocation. Ceci peut être la source de conflits, de luttes d'intérêts et de tensions entre les personnes.

– Le dernier point relève de valeurs plus profondes. En introduisant une volonté de changement dans la culture de l'entreprise, Pierre risque de se heurter à des résistances. En effet, l'enquête de climat social implique une remise en cause des fonctionnements antérieurs dans la mesure où chaque salarié peut porter une appréciation anonyme sur la façon dont il perçoit sa situation personnelle dans l'entreprise, les modes de management et l'organisation du travail. Ce type d'évaluation peut être ressenti comme un danger : certains l'accuseront de fragiliser la structure hiérarchique traditionnelle.

Pierre aurait pu éviter ces problèmes en menant des enquêtes préalables pour avoir une parfaite connaissance du terrain. Des réunions en petits groupes affinitaires auraient permis, en outre, des échanges plus riches et une écoute plus fine des objections et des remarques. Il est clair que dans ce genre de situation, l'intervenant doit d'abord faire reconnaître le besoin de changement par les membres du groupe au lieu de vouloir l'institutionnaliser séance tenante.

Martine choisit la bonne option...

Martine est déléguée des parents d'élèves dans l'école primaire de ses enfants (cent cinquante élèves). Le directeur de l'établissement lui a demandé de consulter l'ensemble des familles à propos de la sécurité dans et autour du groupe scolaire.

Martine ne peut pas réunir les familles autour d'une table et ouvrir le débat ; ce sont toujours les mêmes qui prennent la parole : ceux qui n'ont pas peur de s'exprimer en public. Quant aux autres, ils se noient dans un profond mutisme. Pourtant, pour avoir discuté avec les « silencieux » en d'autres occasions, Martine est persuadée que plusieurs d'entre eux ont des propositions intéressantes sur le sujet.

Martine ne peut pas non plus convoquer les parents à tour de rôle par petits groupes : la tâche serait longue, fastidieuse et limiterait les possibilités d'échange. Toutefois, elle sait que la majorité des parents d'élèves ont un but commun : améliorer la sécurité pour leurs enfants, et une volonté d'agir ensemble pour atteindre ce but.

Un samedi matin, Martine a invité l'ensemble des parents d'élèves à participer à un groupe de travail dans la salle polyvalente de l'école. Soixante-dix-huit familles sont représentées. « Un record, reconnaît Martine, c'est un signe qui ne trompe pas. »

Après avoir succinctement présenté l'objectif de la réunion (en mobilisant les parents autour d'exemples marquants) et le travail à effectuer (faire l'état de la situation, avancer un certain nombre de propositions, fixer des échéances), Martine propose aux parents de se réunir par petits groupes de sept ou huit et de travailler point par point sur le problème de la sécurité. Un rapporteur est nommé dans chaque groupe. Les temps de réflexion (dix minutes pour chaque point abordé), en petits groupes, alternent avec des moments de mise en commun par les rapporteurs réunis pour débattre face à l'ensemble des autres participants (quinze minutes). Les parents peuvent transmettre des messages écrits à leur rapporteur en cours de discussion. Une heure et demie plus tard, Martine présente une synthèse du travail effectué et boucle sa réunion. Le groupe a produit suffisamment d'éléments pour lui permettre de monter un dossier solide.

→ **Analyse**

Cet exemple emprunté à la vie courante montre de façon significative que Martine a évité plusieurs pièges. Elle aurait pu entraîner les soixante-dix-huit parents dans un débat fleuve stérile de trois heures. Car il existe au sein d'un groupe des phénomènes de prise de pouvoir[1], de résistance, d'identification, qui font que les individus se conforment à la loi du plus grand nombre ou bien se réfugient dans l'opposition systématique. Par ailleurs, Martine a été directive sur la forme : présentation du problème, organisation du travail, limitation des temps d'échange, mais pas sur le fond : chacun a pu s'exprimer dans un petit groupe où les tensions sont moins importantes. Elle a agi avec pertinence dans la mesure où il est pratiquement impossible de laisser un grand groupe s'autodéterminer.

À VOUS DE JOUER !

- Sachez à qui vous allez parler.
- Adaptez votre type d'intervention à la taille du groupe.
- Tenez compte des facteurs socio-affectifs qui caractérisent le groupe.

---

1. Par exemple, pour satisfaire un besoin de reconnaissance, se faire aimer des autres, etc.

Établir la carte d'identité du groupe

En fonction des caractéristiques du collectif que vous avez à conduire, le tableau suivant[1] vous permet d'affiner votre connaissance du groupe et de dégager dans les grandes lignes la méthodologie adaptée. Cochez les cases correspondant à la situation qui vous concerne.

Quelle est l'origine du groupe ?	Soumise à une décision extérieure. Les individus n'ont pas décidé de former un groupe ensemble.	Choisie par les membres du groupe.
Quelle est sa durée de vie ?	Prédéterminée. Un séminaire de formation dure, par exemple, deux semaines à l'issue desquelles le groupe disparaît.	Non fixée à l'avance. Le groupe cesse d'exister quand l'objectif est atteint ou encore le groupe est permanent.
Quel est l'objectif du groupe ?	Flou. L'activité du groupe est plutôt centrée sur la relation et le maintien de la cohésion.	Clairement défini. L'activité du groupe est plutôt centrée sur la tâche à accomplir.
Quel est le degré d'autonomie du groupe ?	Le groupe est soumis à un contrôle extérieur.	Le groupe est totalement autonome.
Quelle est la taille du groupe ?	Supérieure à 15 personnes.	Inférieure à 15 personnes.
Les membres du groupe...	ne sont pas libres d'entrer ou de sortir du groupe.	peuvent choisir librement de quitter le groupe.
Les individus...	sont totalement différents.	ont un vécu commun.

Si vous avez coché un maximum de cases dans la colonne de droite, la communication au sein du groupe et entre le groupe et vous-même sera

---

1. Adapté de l'ouvrage de BOUVARD C. et BUISSON M., *Gérer et animer un groupe*, Éditions d'Organisation, Paris, 1988.

15

sans doute rapide et efficace. Elle apportera plaisir et satisfaction aux uns et aux autres.

En revanche, si vous avez davantage de croix dans la colonne de gauche, le contact sera plus difficile à établir et il est probable que vous verrez apparaître des phénomènes de tension ou de passivité. Dans ce dernier cas, votre rôle de régulateur et votre aptitude à communiquer seront déterminants pour rendre le groupe enthousiaste.

Repérer les problèmes

Un groupe est soumis à des forces « positives » (volonté de communiquer, d'agir ensemble, de s'ouvrir aux autres) et à des forces « négatives » (prises de pouvoir, mécanismes de défense personnelle, soumission, etc.). Lorsque les forces négatives l'emportent sur les forces positives, le rôle de l'intervenant consiste à mettre en œuvre un ensemble de moyens pour rétablir l'homéostasie[1]. Pour cela, il est nécessaire de connaître la nature des différents problèmes qui peuvent survenir dans un groupe.

Identifier le problème	Que se passe-t-il ?
Lui donner un sens	Que signifient ces comportements ?
Réfléchir	Que faire pour améliorer la situation ? Quelles seront les conséquences de l'action ?
Intervenir : – faire expliciter le problème ; – susciter l'écoute entre les participants ; – recentrer sur l'objectif ; – proposer des solutions ; – recadrer le problème.	Quels sont les résultats obtenus par l'action ?

Quelques orientations stratégiques

1. La stabilisation, l'équilibre du système.

16

Annie contourne les problèmes sans les résoudre...

Annie est cadre supérieur dans une société de taille importante. Le directeur lui a demandé de mettre en place des sessions de formation interservices, à titre occasionnel. Elle est connue pour être experte en matière de marketing... Pourtant, avec les participants, le courant ne passe pas.

Elle raconte :

« Je me heurte régulièrement à des remarques désobligeantes, à des questions pièges, à des remises en question. Et je dois reconnaître que ces comportements m'agacent au plus haut point. Je pousse un coup de gueule, je tape du poing sur la table. L'ambiance est détestable, mais je peux achever mon travail. »

« À l'opposé, il m'est arrivé d'avoir affaire à des groupes qui sont de réels poids morts, à l'intérieur desquels il ne se passe rien. Je fais mon *speech*, à peine interrompue par les mouches et à la fin de la conférence, tout le monde plie bagage sans demander son reste. »

« À d'autres moments encore, j'ai dû couper court à des conflits entre des groupes issus de différents services qui s'apostrophaient plutôt vertement et s'envoyaient des reproches mutuels, je ne sais plus à quel sujet... »

→ **Analyse**

Sans entrer dans les détails, deux aspects méritent d'être soulignés :

Si l'on s'en tient aux propos d'Annie, celle-ci n'affronte pas les problèmes, elle les contourne. Elle s'appuie sur son rôle et sur son statut pour trancher dans le vif et noyer le poisson sans agir réellement au niveau du groupe. Il est d'ailleurs fort probable qu'elle se soit sentie personnellement agressée par les attitudes des membres du groupe.

Ceci amène une remarque : si ce que vous faites ne marche pas, procédez autrement ! Le groupe ne peut pas être tenu pour seul responsable des échecs ou des conflits qui surviennent en son sein. L'intervenant joue un rôle essentiel dans la régulation des échanges et la résolution des problèmes, surtout lorsqu'il est confronté, comme c'est le cas ici, à un groupe artificiel.

Le problème est positif dans la mesure où il apporte des informations très utiles sur l'état émotionnel du groupe, ses désirs, ses attentes et ses réactions de défense ou de rejet. Fuir les problèmes, les étouffer dans l'œuf, répond à une crainte personnelle ou à une mise en conformité sociale. En effet, nous vivons dans une société qui a posé pour principe que les conflits de toutes sortes doivent être minimisés, résorbés ou désamorcés. Cette attitude, relayée par des « techniques » de communication utilisées de façon manipulatoire, va à l'encontre des principes démocratiques dans la mesure où elle n'utilise pas les conflits dans leur dimension participative. Imaginons que votre voiture est équipée d'une jauge d'huile électronique... Croyez-vous qu'il soit très utile de déconnecter le témoin lumineux pour éviter de tomber en panne ?

Enjeux et stratégies

Animer un groupe, c'est participer à un processus d'influence en co-construction permanente. La communication est sous-tendue par les enjeux et les stratégies de chacun des membres du groupe.

Les enjeux représentent, pour chaque individu, l'ensemble de ce qu'il y a à perdre où à gagner dans la relation. Ils sont de deux ordres :

• **Les enjeux symboliques** : Annie ne doit pas perdre la face devant ses collaborateurs.

• **Les enjeux rationnels** : Annie doit transmettre une information à ses auditeurs.

Les stratégies se traduisent par un ensemble de conduites et d'actions qui permettent d'atteindre les objectifs visés. On dénombre quatre grandes familles de stratégies :

• **Les stratégies « avec »**, fondées sur la coopération (les protagonistes ont tous quelque chose de positif à retirer de l'échange).

• **Les stratégies « contre »**, fondées sur le rapport de force, l'opposition systématique (il y a un pseudo-gagnant et un pseudo-perdant) : c'est la stratégie qui est mise en œuvre par Annie.

• **Les stratégies « offensives »** dans lesquelles les individus interviennent, font entendre leur voix et prennent ouvertement des initiatives.

• **Les stratégies « passives »** dans lesquelles les individus s'abstiennent. Ils subissent leur environnement beaucoup plus qu'ils n'agissent sur lui : Annie adopte une stratégie passive dans la mesure où elle élude les problèmes.

Les conduites collectives

Corrélativement aux enjeux et aux stratégies des individus, la cohésion du groupe[1] peut être renforcée ou mise en danger par différentes conduites collectives.

L'inertie

Le groupe oppose de façon presque systématique des résistances au changement. Il se cantonne dans ses modèles traditionnels et toute évolution est vécue comme un danger, une remise en cause de l'identité collective.

L'agressivité

Le groupe manifeste de la méfiance vis-à-vis de l'extérieur et en particulier des groupes qui lui sont proches. S'il se sent menacé ou si sa cohésion est faible, il devient volontiers agressif.

Le conformisme

Les normes et les valeurs adoptées par le groupe peuvent conduire à une uniformisation des comportements et des façons de penser, chacun se ralliant à la loi du plus grand nombre.

Le déviationnisme

Un ou des membres remettent en cause les normes, les valeurs et/ou les modes de fonctionnement du groupe. Les mobiles sont variables : refus du conformisme, volonté de prendre le pouvoir, nécessité d'adapter le groupe à un environnement en constante mutation, etc.

---

1. L'ensemble des forces positives et négatives qui maintiennent associés les membres du groupe.

Exercice : Identifier les types de conduite

Identifiez les types de conduite décrits dans les exemples en cochant la réponse qui vous paraît adaptée et contrôlez vos réponses en consultant les solutions p. 22.

	Agressivité	Conformisme	Déviationnisme	Inertie
1. Pour prendre une décision, le président d'une association décide d'un vote à main levée. Pierre n'est pas d'accord avec l'orientation choisie, mais il n'intervient pas.				
2. André se demande s'il ne serait pas souhaitable d'organiser différemment la fête de fin d'année. Il consulte ses collaborateurs qui n'ont aucune proposition à formuler.				
3. Des enseignants de collège soutiennent : « Si les élèves ne savent pas lire en sixième, c'est parce que les enseignants des classes élémentaires n'ont pas fait leur travail. »				
4. Un conducteur offset : « Les machines de cette imprimerie sont complètement obsolètes. Nous devons exiger de nouveaux équipements de la part de la direction. »				
5. « Si on ne prend pas les devants, le service comptabilité va encore nous bloquer la salle de réunion. »				
6. « Vous ne portez pas de cravate aujourd'hui, sans doute avez-vous oublié que c'est une règle pour les commerciaux de notre entreprise ? »				

Les besoins des individus dans le groupe

En 1943, le psychologue américain Abraham Maslow, spécialiste du comportement et grand initiateur de la psychologie humaniste, a montré que la satisfaction de nos besoins fondamentaux motivait l'essentiel de nos actes et de nos comportements. Il existe selon lui cinq grandes formes de besoins allant des plus matériels aux plus spirituels, la réalisation des seconds étant subordonnée aux premiers pour assurer l'équilibre des personnes.

Principaux besoins des individus par rapport au groupe	Applications concrètes
Besoins matériels	Satisfaction des besoins vitaux essentiels liés à l'équilibre physiologique de l'individu : boire, s'alimenter, bénéficier de temps de repos, de détente corporelle, possibilité de se mouvoir, de satisfaire ses fonctions naturelles, etc. Conditions matérielles de travail satisfaisantes.
Besoins de sécurité	Absence de danger physique ou psychologique. Environnement propice. Orientations, lignes directrices, cadrage. Méthode, organisation, habitudes de fonctionnement.
Besoins d'appartenance	Accueil, possibilité de contacts. Esprit d'équipe. Possibilité de dialogue. Partage de certaines valeurs et croyances. Prise de rôle en correspondance avec les attentes des membres du groupe.
Besoins de reconnaissance	Possibilité d'exprimer ses compétences, ses talents. Signes de reconnaissance, accueil, estime, gratitude. Appréciation, évaluation.
Besoins de réalisation	Possibilité de donner libre cours à sa personnalité, à ses capacités de création et d'investissement. Possibilité de progresser, de se former. Autonomie.

**Les principaux besoins par rapport au groupe
(d'après la classification de Maslow)**

Cet inventaire des besoins essentiels des individus dans le groupe est pertinent mais incomplet. Il doit être étoffé par un ensemble de besoins qui relèvent d'un ordre plus relationnel : besoin de s'exprimer au niveau informationnel et émotionnel ; besoin d'être entendu et compris dans ce qui est dit et ressenti ; besoin d'être valorisé à la fois dans ce qui est réalisé mais aussi dans ce que la personne est ; besoin d'intimité, de rêve, de retour vers soi ; besoin de résoudre les conflits ; besoin d'exercer sa responsabilité personnelle, de trouver soi-même les réponses à un problème, etc. Vous devez tenir compte du fait que les individus qui composent le groupe que vous animez éprouvent à des degrés divers ces divers types de besoin et faire en sorte qu'ils puissent y répondre.

Dominique n'a plus confiance en sa société…

La société qui emploie Dominique procède à une réorganisation complète de ses services. Dominique sait que son poste disparaît au début du mois prochain, mais à une semaine de cette date, il ignore toujours quelles seront ses nouvelles fonctions dans l'entreprise. Las, il finit par accepter un poste chez un concurrent.

→ **Analyse**

Le besoin de sécurité de Dominique n'est pas satisfait ; il ne se sent pas dans un environnement propice à son équilibre personnel car il a le sentiment d'être un pion que l'on déplace. Ses besoins de reconnaissance et d'appartenance sont également remis en question. Ce sont les raisons pour lesquelles il choisit de quitter prématurément son entreprise.

SOLUTIONS DES EXERCICES DU CHAPITRE 1

✒ **Exercice p. 20 : Identifier les types de conduite**

1. Conformisme ; 2. Inertie ; 3. Agressivité ; 4. Déviationnisme ; 5. Agressivité ; 6. Conformisme de la part du locuteur ; déviationnisme de la part de celui qui reçoit le message.

Chapitre 2

Les phénomènes collectifs

Questions préliminaires

Pourquoi les individus entrent-ils dans un groupe ?

De façon générale, les individus peuvent former des groupes pour :

- échanger, partager des informations utiles aux membres du groupe ;
- accomplir collectivement une tâche, atteindre des objectifs communs ;
- appartenir à une communauté (recherche d'amour, d'estime, de reconnaissance) ;
- donner ou recevoir des gratifications, des récompenses matérielles.

Des motivations pour créer un groupe...

Nécessité sociale ou professionnelle

« Je n'ai pas choisi de travailler avec Pierre, Paul et Jacques, mais nous nous apprécions parce que nous faisons partie de la même équipe. »

Recherche d'affinité

« Nous étions une bande d'amis à partager la même passion pour le cerf-volant. Ainsi est née l'idée de créer le club. »

Lutte contre la solitude

« Lorsque j'ai cessé mon activité professionnelle, j'ai ressenti le besoin de ne pas me couper des autres, du monde extérieur. C'est la raison pour laquelle je participe une fois par semaine à un groupe de réflexion philosophique. »

Faut-il voir le groupe comme une seule et même entité ?

Cette question fait écho à la formule « Un pour tous, tous pour un ! »
Peut-on pour autant considérer que le groupe se comporte comme le
ferait un individu unique ? Il semble que cette analogie n'ait pas de sens
parce qu'elle confond deux niveaux enchevêtrés : celui des personnes,
distinctes les unes des autres, et celui du groupe dans lequel ces
personnes entrent en relation, échangent des signes, interagissent et
partagent des expériences affectives profondes.

L'EXPÉRIENCE DE LEWIN

Au milieu des années quarante, les États-Unis doivent
faire face à une pénurie alimentaire. Le psychologue
Kurt Lewin réfléchit aux moyens à mettre en œuvre
pour modifier les habitudes alimentaires des Améri-
cains. Il s'agit de convaincre les ménagères d'acheter
des abats plutôt que de la viande, du lait en poudre
plutôt que du lait frais.

- Lorsque la démarche repose sur une information
  objective délivrée sous forme d'exposés par des personnes qualifiées (« ces produits sont aussi valables
  que les produits que vous avez l'habitude de
  consommer »), 3 % des personnes modifient effectivement leur pratique.
- Lorsque la stratégie consiste à mettre en avant les
  difficultés économiques du pays et à inciter les
  ménagères à réfléchir au problème alimentaire (discussion de groupe), 32 % des personnes changent
  réellement leur pratique.

Cette expérience montre que l'implication des personnes dans le changement et la prise de décision collective entraînent une modification des
attitudes dix fois plus importante que lorsqu'il s'agit de décisions prises
à titre individuel.

N'OUBLIEZ PAS !

- Les individus pris isolément se comportent diffé-remment des individus impliqués dans un proces-sus collectif.
- Un changement est plus facilement accepté par le groupe que par une personne seule (même si tous les membres du groupe n'emboîtent pas forcément le pas).
- Il semble que le fait d'être en groupe implique une certaine forme de conformisme.

Comment la communication circule-t-elle dans le groupe ?

La qualité de la communication dépend du nombre de participants mais aussi du schéma qui est adopté pour les échanges. De nombreux cher-cheurs[1] se sont penchés sur les différents types de réseaux par lesquels circulent les informations.

Réseau multicanal

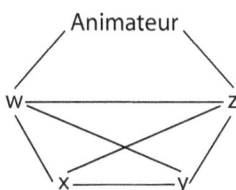

Ce schéma est le plus fréquent et le plus efficace. L'information est direc-tement accessible à l'ensemble des participants et la pression hiérar-chique, lorsqu'elle existe, se fait moins sentir. Les risques d'erreur sont

---

1. Parmi lesquels Alex BAVELAS, Claude FLAMENT, Harold LEAVITT, etc.

réduits et les individus se sentent impliqués dans le groupe. Toutefois, ce dispositif ne convient pas pour les groupes de taille importante (supérieure à 15 personnes). Il n'est pas non plus adapté lorsqu'il faut prendre rapidement des décisions.

Réseau en étoile

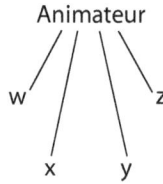

Avec ce type de réseau centralisé, les participants se sentent moins « investis » par le groupe. Leur niveau de satisfaction est plus faible. Tous les messages passent par l'animateur qui peut effectuer un filtrage ou un contrôle. Ce mode de fonctionnement permet d'accomplir des tâches simples. Il est adapté pour les groupes de taille importante, ou lorsqu'il s'agit de transmettre des informations.

Réseau en cercle

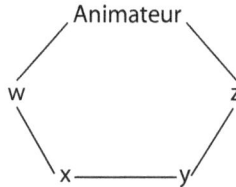

Plus rare, ce modèle de circulation de l'information apparaît dans certains groupes de travail. Il peut être à l'origine de problèmes de traduction et de déformation du message parce que l'interconnexion entre les membres du groupe ne se fait que de proche en proche.

La façon dont la communication va circuler dans le groupe influence notablement la place et le rôle pris par les individus, leur degré de participation et leur sentiment d'appartenance. En règle générale, le réseau multicanal est le plus efficace et le plus valorisant pour les individus parce qu'il satisfait davantage le besoin de reconnaissance et d'épanouissement personnel.

Comprendre l'histoire du groupe

Un groupe vivant

Les valeurs représentent des normes de conduite personnelle et sociale auxquelles les individus adhèrent et se conforment. Elles portent sur des biens extérieurs, matériels ou non (l'argent, l'amour, le pouvoir), des éléments corporels (la santé, l'hygiène, la beauté, le plaisir), des principes moraux (l'honnêteté, la loyauté, le respect), intellectuels (la logique, la rationalité, le doute) ou spirituels (le bonheur, la réalisation de soi, la religion). Chaque individu se réfère à son propre système de valeurs, celles-ci constituant un ensemble hiérarchisé que l'on nomme une échelle des valeurs. Pour certaines personnes, par exemple, la santé sera une valeur prioritaire, pour d'autres ce sera l'argent ou la réussite professionnelle.

Avons-nous les mêmes valeurs ?

Les valeurs sont un élément central de la vie sociale. Elles représentent des manières d'être, d'agir et de penser idéales qui fonctionnent comme des guides et permettent de justifier certains comportements. Toutefois, elles peuvent aussi conduire à une uniformisation des conduites et des attitudes. Ceci étant noté, pour fonctionner correctement, un groupe durable a besoin de s'accorder sur un certain nombre de valeurs communes et de les matérialiser par des normes.

Exercice : Identifier les valeurs communes

J'ai constaté à plusieurs reprises, dans les groupes avec lesquels j'ai travaillé, que les membres étaient en désaccord, parfois profond, sur leurs valeurs collectives. Cette situation est souvent à l'origine de tensions, de conflits et de brouillage identitaire du groupe. C'est la raison pour laquelle l'exercice qui suit me paraît approprié, notamment lorsque le groupe a une durée de vie importante.

1. Travail individuel

Après avoir expliqué aux membres du groupe ce qu'est une valeur, demandez-leur de noter sur un morceau de papier quelles sont, selon eux, les trois valeurs essentielles du groupe auquel ils appartiennent.

2. Travail collectif

Ramassez les travaux et procédez à la lecture des propositions. Vous les noterez à mesure au tableau, en les regroupant par grandes familles. Par exemple : valeurs morales (les normes, les obligations, les interdictions), valeurs éthiques (les actions qui sont estimées justes, bonnes, acceptables), valeurs intellectuelles, valeurs liées au développement et à l'épanouissement des membres du groupe, etc.

Demandez aux participants d'expliciter ce qu'ils mettent derrière les mots qu'ils emploient. Comment concrètement cette valeur se traduirait-elle en termes d'acte, de parole, de pensée ? Vous pourrez conduire un débat passionnant à l'issue duquel le groupe s'accordera sur quatre ou cinq valeurs essentielles. En vous référant à ces valeurs, vous pourrez définir avec le groupe un ensemble de normes, c'est-à-dire des règles de conduite et de comportement qui détermineront ce que les membres du groupe peuvent dire ou faire, dans le cadre de leur appartenance. Évoquez des situations précises, des exemples concrets. Ce travail peut prendre deux à trois heures. Veillez à faire des pauses au cours desquelles les échanges se poursuivront de façon plus informelle. La pause, c'est aussi un temps de travail !

Un groupe a une histoire, si courte soit-elle. Il vit, se développe, se transforme et disparaît à la manière d'un corps vivant dont chacune des cellules serait représentée par un des membres du groupe. Ce corps peut vivre harmonieusement, s'adapter à son environnement ou bien se recroqueviller, devenir agressif par rapport au monde extérieur et tomber malade.

Pierre-Jean est trop autoritaire...

Pierre-Jean était depuis cinq ans président du club de foot du petit village qu'il habitait dans le Sud-Ouest. Les joueurs et les supporters appréciaient son franc-parler et la façon tranchée avec laquelle il réglait les différents problèmes qui survenaient dans l'association.

Pour des raisons professionnelles, Pierre-Jean a dû déménager avec sa famille dans la banlieue de Nancy. Très vite, il s'est investi dans la conduite du club de foot local. Une passion ne vous lâche pas comme ça ! Élu président du FCL au bout de six mois, Pierre-Jean a gardé ses vieilles habitudes pour conduire son nouveau groupe : de la poigne, aucune réserve dans les propos et des prises de décisions à l'emporte-pièce. Bilan : aujourd'hui, Pierre-Jean se voit contraint de démissionner de son poste de président. La plupart des membres du FCL refusent les règles imposées par Pierre-Jean, son intransigeance et son autoritarisme. Mais comme aucun d'entre eux n'ose exprimer directement les ressentiments du groupe, des clans, des rivalités, des querelles internes apparaissent au sein de l'équipe, d'où des résultats catastrophiques. Pourtant, Pierre-Jean pensait bien faire...

→ **Analyse**

Pierre-Jean est confronté à une situation d'échec avec son nouveau groupe parce qu'il a voulu transposer de façon rationnelle son style d'animation et ses façons de faire sans tenir compte de l'histoire du groupe. Il pensait sans doute qu'il n'y avait aucune raison pour que ce qui marchait à un endroit échoue ailleurs. Mais Pierre-Jean arrive de l'extérieur. Les phénomènes d'identification liés à l'apparition d'un nouveau venu et l'enthousiasme qu'ils peuvent provoquer dans un premier temps, surtout si celui-ci a une âme de *leader*, ne signifient pas pour autant que l'intégration soit effective et durable.

Peut-être Pierre-Jean a-t-il accepté un peu rapidement le poste de président. En prenant davantage le temps de découvrir le groupe et ses valeurs, d'identifier son mode de fonctionnement et les rôles tenus par les individus, il aurait disposé d'une perception plus proche de la réalité. Ces points sont essentiels pour conduire une équipe qui gagne.

Par ailleurs, le conflit qui émerge entre Pierre-Jean et les autres membres du groupe n'a pas été régulé de façon satisfaisante : les choses en sont restées au stade du non-dit, ce qui peut laisser supposer qu'un sentiment de malaise assez lourd est apparu dans le groupe avant que Pierre-Jean ne démissionne.

N'OUBLIEZ PAS !

- Il n'y a pas deux groupes qui soient semblables ou qui vivent des expériences tout à fait identiques et reproductibles.
- Un individu peut appartenir à plusieurs groupes différents sans pour autant y tenir le même rôle.

Les cinq phases de la vie d'un groupe

Pour comprendre la dynamique du groupe, il est important de se pencher sur son histoire car chaque groupe est une aventure dans laquelle les membres sont « embarqués ». En se gardant de toute schématisation excessive, on observe des cycles de cinq phases, de durée variable, dans la vie d'un groupe. Ces phases se chevauchent et déterminent les relations en cours et à venir.

Certains groupes immatures ne dépassent pas la deuxième phase. La constitution et la progression du groupe vers la pleine maturité peuvent nécessiter quelques semaines, quelques mois, quelques années, ou ne jamais s'accomplir !

La rencontre

À ce stade de la vie du groupe, les participants cherchent à se connaître, à se situer par rapport aux autres. Ils ne sont pas encore « habités » par le groupe et leurs comportements passent par une série d'ajustements. Ils attendent, s'observent, essaient de donner une image satisfaisante d'eux-mêmes quoiqu'ils se regardent peu.

Les prises de position

Au cours de cette phase, les personnes commencent à dialoguer, à se dévoiler, et apprennent à se découvrir. Cependant, c'est aussi à ce stade de la vie du groupe que les « je » individuels se manifestent et se positionnent par rapport aux autres. De façon symbolique, les individus entrent en compétition pour affirmer leur place dans le groupe. C'est souvent pendant cette période qu'apparaissent les systèmes complémentaires de type soumission/domination, victime/sauveur, attaque/fuite, ainsi que les tensions et les oppositions qui relèvent des relations symétriques.

Le passage à l'action

Premier signe de maturité : les individus se reconnaissent dans le groupe et le groupe se positionne par rapport à l'extérieur. Ils identifient quels vont être les rôles et les valeurs collectives et s'accordent verbalement ou de façon plus tacite sur les objectifs, les outils, les règles et les normes communs. L'essentiel de l'énergie du groupe est consacré à agir « comme un seul homme » et à intégrer les marginaux. Cette phase de passage à l'action engendre souvent une certaine conformité dans les comportements.

Les tensions

Cette uniformisation des comportements se traduit, pour les membres du groupe, par un sentiment de danger : le collectif compose un jeu de forces qui rassure et protège, mais, en même temps, il constitue un danger pour la personnalité. Les individus ont besoin d'exprimer leur identité personnelle au sein du groupe, de se différencier les uns des autres. Au cours de cette phase, les outils élaborés en commun sont remis en question. Les comportements et les attitudes des uns et des autres font l'objet de critiques parfois acerbes. Des sous-groupes, des coalitions, des clans, de nouveaux *leaders* peuvent apparaître et mettre l'existence du groupe en danger.

La régulation

C'est la capacité du groupe à réguler ses tensions qui va déterminer son passage à la pleine maturité. Il s'agit, par la négociation, de trouver un terrain d'entente, de faire en sorte que chacun écoute et accepte les autres afin de résoudre les conflits et les prises de pouvoir : « Nous ne sommes pas d'accord les uns avec les autres, quelles solutions proposons-nous pour sortir de ce blocage, en faisant au mieux pour les personnes et pour le groupe ? » Un groupe qui atteint ce stade est en mesure de susciter une expression confiante et sincère de la part de ses membres. Il est capable d'intégrer de nouveaux venus dans de bonnes conditions et d'entretenir des relations paisibles avec le monde extérieur.

Si la régulation échoue, trois cas de figure sont possibles : soit le groupe disparaît, soit il se fragmente, soit un sous-groupe prend le pouvoir.

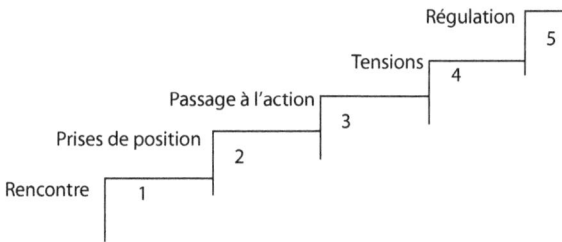

```
                                    Régulation ⌐
                                              |  5
                            Tensions ⌐————————┘
                                     |  4
                Passage à l'action ⌐—┘
                                   |  3
     Prises de position ⌐—————————┘
                        |  2
Rencontre ⌐————————————┘
          |  1
          └
```

N'OUBLIEZ PAS !

■ Chaque groupe est unique et a sa propre histoire.

■ Le groupe s'appuie sur des ressorts fonctionnels et émotionnels.

■ Les expériences vécues dans un groupe ne sont pas toujours transposables dans un autre groupe.

■ Pour réguler les tensions – c'est l'une des tâches essentielles de l'intervenant –, il est souvent nécessaire de passer par une phase de négociation.

Le groupe comme système d'interactions

Réactions en chaîne

Dans un groupe, les participants s'influencent mutuellement. Ce phénomène touche également les actions de l'intervenant et détermine la nature de la relation qu'il entretient avec les membres du groupe. Autrement dit, tout comportement est un signe qui fait sens pour autrui et qui entretient, en écho, d'autres comportements. Cette circularité de la communication est essentielle pour comprendre les phénomènes collectifs.

Effet « boule de neige » : une réunion qui dégénère...

Conduite par Paul, la réunion de service suit son cours normalement quand Bruno agresse Paul verbalement. Il pense que ce dernier lui a adressé de manière indirecte des reproches concernant ses méthodes de travail. Paul éprouve un sentiment d'injustice. Il réagit par la colère. Martine et Alain, qui étaient au départ favorables aux propositions de Paul, souhaitent revenir sur les décisions acquises. Marcel quitte la salle en prétextant un rendez-vous de première importance tandis que René-Marc essaie de calmer les esprits en ramenant le groupe à ses objectifs de travail. Au bout du compte, la réunion est suspendue.

➡ **Analyse**

Qui a commencé ? Pouvait-on prévoir d'entrée de jeu l'issue de la réunion ? Un problème d'interprétation est-il à l'origine du conflit ? Ce qui est sûr, c'est que par un effet « boule de neige », les comportements des uns et des autres se sont coproduits sans qu'aucun des protagonistes n'ait adopté un comportement efficace pour freiner l'escalade. Cet exemple décrit une suite de rétroactions positives qui renforcent le processus. Si l'un des participants ou l'animateur lui-même était parvenu à réguler le conflit et à rétablir le dialogue, nous aurions eu alors affaire à une rétroaction négative.

Pensez-vous que l'on puisse comprendre l'utilité d'un carburateur démonté et posé sur une table de cuisine ? Non, bien sûr. Pour savoir à quoi il sert, il est nécessaire de l'assujettir aux pipes d'admission d'un moteur à explosion, de le connecter à un réservoir d'essence, de le raccorder à une pédale d'accélérateur, etc. De même, pour comprendre le fonctionnement d'un groupe, l'étude des particularités des individus[1] est insuffisante. Il faut aussi s'intéresser aux relations que les membres du groupe entretiennent entre eux, aux rôles qu'ils assument, aux messages qu'ils échangent.

N'OUBLIEZ PAS !

▪ Le comportement d'un seul des membres du groupe peut suffire pour modifier le comportement de tous les autres.

---

1. Traits de caractère, valeurs personnelles, comportements isolés...

Des systèmes ouverts

Le groupe se situe lui-même dans un système fluctuant plus large auquel il doit en permanence s'adapter pour survivre : le contexte[1].

L'influence du contexte : subventions en baisse...

La municipalité de M. diminue de 50 % les subventions jusque-là accordées à l'association d'éducation populaire présidée par Gilles. Pour éviter la faillite et le licenciement d'une personne salariée, les membres de l'association décident d'un commun accord de diversifier les activités de leur organisation, de se mettre en réseau avec l'université d'une grande ville proche et de faire appel à des fonds privés.

➡ Analyse

Dans cet exemple, le groupe a su maintenir son équilibre en réagissant aux modifications de son environnement. Il a également fait preuve d'ouverture en acceptant de nouveaux échanges avec l'extérieur.

La plupart des groupes constituent, comme l'association de Gilles, des systèmes ouverts. Mais il existe (plus rarement) des systèmes clos qui se coupent de toute communication avec l'extérieur, résistent au changement et sont condamnés à disparaître à plus ou moins longue échéance.

N'OUBLIEZ PAS !

- Plus un groupe est coupé de son contexte, plus il a tendance à adopter des comportements rigides.
- Plus un groupe adopte des comportements rigides, moins il est en mesure d'apporter des réponses aux modifications de son environnement.

---

1. Pour des précisions sur ce terme, se reporter au chapitre 5 du présent ouvrage.

Les deux principaux systèmes de communication

Les pragmaticiens de l'école de Palo Alto distinguent deux systèmes de communication qui caractérisent les échanges entre les individus et entre les groupes : la communication symétrique et la communication complémentaire. Ces deux systèmes fonctionnent, selon les situations, de façon continue ou alternative. C'est-à-dire que des individus ou des groupes peuvent communiquer en permanence sur l'un des deux modes ou bien enchaîner l'un et l'autre.

La communication symétrique

On parle de communication symétrique quand les protagonistes se situent sur un pied d'égalité et adoptent des comportements en miroir. Si les individus et les groupes engagés dans une interaction symétrique font preuve de respect fraternel et de confiance partagée sans chercher à imposer leur propre représentation de la réalité, la relation s'établit sur des bases harmonieuses. Si, en revanche, l'un des protagonistes rompt cet équilibre, par exemple en manipulant ou en ridiculisant ses pairs, le processus peut alors conduire à une montée en puissance du phénomène et aboutir dans les faits au conflit puis à la violence.

Symétrie rigide entre Antoine et Marc

Antoine : « Marc a critiqué mes propositions lors de l'assemblée générale. Je me suis senti ridiculisé devant les sociétaires. Je vais coincer son projet espaces verts. »

Marc : « Antoine m'a mis en difficulté sur mon dernier dossier, mais je sais comment lui rendre la monnaie de sa pièce. »

→ Analyse

Dans cet exemple, Antoine et Marc ont installé un climat de rivalité et pratiquent la surenchère pour ne pas céder d'un pouce à l'autre. Lorsque ce type de relation apparaît dans un groupe, la communication risque d'être bloquée dans un processus destructeur où chacun cherche à être « un peu plus égal que l'autre » !

La communication complémentaire

On parle de communication complémentaire lorsque les partenaires s'associent pour former un tout. Leurs comportements sont différents mais ils se complètent. L'interaction complémentaire est efficace quand les acteurs s'acceptent et se légitiment réciproquement. Elle devient source de conflit quand celui qui occupe la position dominante contraint son homologue à une position jugée inacceptable par ce dernier.

Complémentarité saine

Marie-Do est comptable. Il a paru naturel aux membres du groupe de lui confier la gestion de l'association. D'ailleurs, elle n'en a jamais tiré parti pour imposer ses vues.

Complémentarité problématique

Jean-Marie a profité de son statut de chef de service pour imposer des règles de fonctionnement avec lesquelles aucun de ses collaborateurs n'était d'accord. Ils se sentent méprisés.

⇒ Analyse

Ces deux exemples montrent comment d'une différence acceptée et reconnue (Marie-Do a des compétences que les autres membres du groupe n'ont pas mais qui sont utiles à la collectivité), on peut glisser vers une forme de complémentarité qui suscite le mécontentement, voire la récrimination.

Le modèle transactionnel

Élaborée par le psychiatre Éric Berne dans les années soixante, l'analyse transactionnelle (AT) traite des interactions entre les individus. D'inspiration systémique[1], elle offre un éclairage intéressant pour comprendre les comportements humains et notamment les dynamiques collectives.

---

1. L'approche systémique propose une vision synthétique et non analytique des relations humaines.

Trois catégories de comportements

Éric Berne a divisé l'ensemble des comportements humains (ainsi que les expériences, les pensées et les sentiments qui y sont associés) en trois catégories : l'état du moi parent, l'état du moi adulte, l'état du moi enfant.

Le tableau ci-dessous aide à cerner l'origine, les comportements associés et les implications de chaque état du moi.

	L'état du moi parent	L'état du moi adulte	L'état du moi enfant
Origine	Recouvre le domaine de nos valeurs, ce que nous avons appris de nos propres parents ou des personnes qui nous ont marqués.	Représente une adaptation à la réalité ici et maintenant et rend possible la survie.	Se rapporte aux expériences et aux modèles intégrés pendant l'enfance.
Comportements associés	Le parent protège, console, fait la morale, punit.	L'adulte opère un traitement logique et rationnel de la réalité. Il analyse, confronte et évalue les informations.	L'enfant a des comportements pulsionnels. Il laisse apparaître spontanément ses émotions et recherche la satisfaction de ses besoins.
Implications	Permet de répondre à des situations connues. N'est pas d'une très grande utilité pour faire face à de nouvelles expériences.	Permet de résoudre des problèmes, de prendre des décisions mais manque d'humour et de sensibilité.	Lance des actions, invente des solutions, exprime son ressenti. L'enfant peut aussi incliner à la révolte, à l'égoïsme, à la manipulation ou au conformisme.

Chaque personnalité, quel que soit l'âge des individus, est un composite multiforme de ces trois structures[1] qui correspondent à notre façon d'être et d'agir dans une situation et à un moment donnés. Pour se comprendre soi-même, comprendre les autres et être compris par eux, il est très utile de prendre conscience des comportements qui découlent de ces différents états du moi.

Les états du moi dans le groupe

Parent normatif
« Nous devons respecter le règlement intérieur. »

Parent nourricier
« Ne vous inquiétez pas, je vais vous aider. »

Adulte
« L'analyse des chiffres nous permet de tirer des conséquences pour l'avenir. »

Enfant spontané
« Vivement que cette réunion se termine ! »

Enfant adapté
« Je suis vraiment désolé d'être en retard. »

Enfant rebelle
« Je me moque complètement de votre remarque. »

Les états du moi ne sont pas des jugements de valeur sur les comportements qu'une personne devrait ou ne devrait pas avoir. Ils apparaissent seuls ou dominants et signalent quel est le type de personnalité adopté par un individu dans un contexte précis.

---

1. À noter : les états du moi peuvent se contaminer ou s'exclure.

✒ **Exercice : Reconnaître les états du moi**

Au travail, entre amis ou dans votre milieu familial, entraînez-vous à identifier les états du moi des personnes que vous avez en face de vous.

Attention, méfiez-vous tout de même des inférences abusives de type : « Ce matin, Maryse est dans son "enfant rebelle", donc il est inutile de lui communiquer les bilans comptables ! »

Il serait réducteur d'enfermer les individus dans une catégorisation aussi rigide.

Les strokes

Ce terme désigne les signes verbaux ou non verbaux que nous émettons en direction de quelqu'un, ou qui nous sont adressés. Les *strokes*[1] nous permettent de créer le contact et de faire évoluer positivement ou négativement la relation que nous entretenons avec autrui. Les transactionnalistes[2] font la distinction entre les *strokes* conditionnels qui sont liés à une situation bien précise, à un moment donné, et les *strokes* inconditionnels qui sont valables quel que soit le contexte.

Quatre types de strokes

Positif conditionnel
« Votre exposé était très clair. »

Positif inconditionnel
« Avec vous, les gens se sentent toujours à l'aise. »

Négatif conditionnel
« Ce matin, votre réunion n'a rien apporté de nouveau. »

Négatif inconditionnel
« Vous êtes incapable de travailler en groupe. »

---

1. En anglais, ce terme désigne à la fois les caresses et les coups.
2. Transactionnaliste : personne qui pratique l'analyse transactionnelle. L'analyse transactionnelle est une méthode de psychologie sociale. Elle a été fondée par Éric BERNE et relève du mouvement humaniste issu de Carl ROGERS et Abraham MASLOW.

Les transactions

Une transaction est une unité d'interaction[1] analysée en fonction de l'état du moi de chacun des protagonistes engagés dans la communication.

On décrit la transaction entre deux personnes sous la forme d'un diagramme. Chaque flèche indique le sens d'émission du message. Dans l'exemple ci-dessous, lorsque X dit à Y : « la réunion a lieu à 17 heures », il est dans son état du moi adulte et s'adresse à l'état du moi adulte de Y. Lorsque Y répond « c'est tout moi : j'ai encore oublié l'heure », il est plutôt dans son état du moi enfant et s'adresse à l'état du moi parent de son interlocuteur.

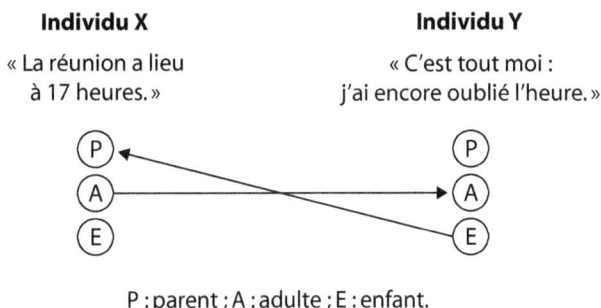

Individu X	Individu Y
« La réunion a lieu à 17 heures.»	« C'est tout moi : j'ai encore oublié l'heure.»

P : parent ; A : adulte ; E : enfant.

Il existe trois principaux types de transactions :

Les transactions complémentaires

Lorsque les intentions de l'individu X (liées à son état du moi) sont en phase avec les effets qu'elles provoquent chez l'individu Y, on parle de transaction complémentaire. Dans ce cas, les échanges peuvent se poursuivre sur des bases saines.

---

1. C'est-à-dire un échange d'au moins deux *strokes*.

Individu X

« Je ne comprends rien.»

Individu Y

« Je vais reprendre mon explication.»

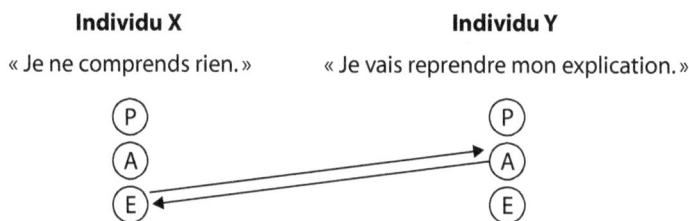

Les transactions croisées

Dans ce cas de figure, les intentions de l'individu X ne correspondent pas aux effets produits chez Y. Les protagonistes ne sont pas sur la même longueur d'onde. Les transactions croisées sont souvent à l'origine de conflits ou de problèmes de traduction qui perturbent la communication.

Individu X

« Puis-je avoir une précision ? »

Individu Y

« Je suppose que ce point vous a de nouveau échappé.»

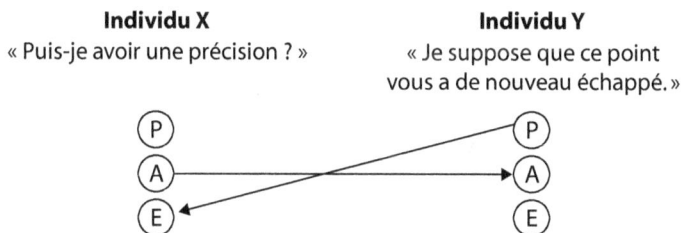

Les transactions piégées

Ici, le comportement ou le message de l'individu X diffère de ses intentions réelles. Il utilise l'insinuation, l'ironie, le paradoxe, le sous-entendu. Ce type de message constitue un piège pour l'individu Y. Il peut, dans certains cas, être à l'origine de comportements destructeurs.

Individu X
« Avez-vous une idée de l'heure ? »

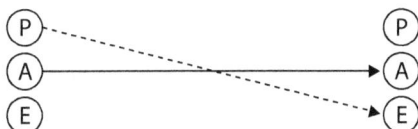

Ce double message peut être perçu à deux niveaux :
Message apparent : « Quelle heure est-il ? »
Message caché : « Vous êtes en retard. »
Réponse sociale : « Il est 19 h 15. »
Réponse psychologique : « Je sais, je suis en retard. Excusez-moi. »

Lorsque des personnes échangent de façon régulière ce type de double message, elles entrent dans un jeu psychologique qui peut devenir humiliant ou conflictuel. Surtout si l'enjeu est de gagner contre l'autre.

Exercice : Analyser des transactions

Pour enrichir votre connaissance des phénomènes collectifs, entraînez-vous à reconnaître les transactions complémentaires, croisées ou piégées qui apparaissent dans un groupe.
À votre avis, quels sont les comportements qui auraient pu être adoptés pour changer la donne ?

Les catégories de Bales

Le psychosociologue américain Robert Bales a conduit plusieurs études sur les processus d'interaction dans des groupes différents[1]. Il a ordonné les interventions des participants dans un groupe par rapport à six catégories de problèmes qui influent en permanence sur le fonctionnement du groupe :
• les problèmes d'information ;
• les problèmes d'évaluation ;

---

1. Groupes de travail, familles, classes scolaires, etc.

- les problèmes de contrôle ;
- les problèmes de décision ;
- les problèmes affectifs ;
- les problèmes d'intégration.

Cette grille adaptée des travaux de R. Bales vous permettra d'analyser les rôles pris par les participants et de développer votre compréhension des communications dans le groupe.

	Interventions positives	Interventions négatives
Aire socio-affective (comportements par rapport aux relations dans le groupe)	1. Est solidaire, aide les autres. 2. Éprouve du plaisir dans le groupe, apaise les tensions. 3. Fait preuve d'écoute, accepte les propositions.	
Aire de tâches (comportements par rapport au travail du groupe)	4. Propose des pistes, des solutions en tenant compte des idées des autres. 5. Fait part de son jugement personnel, exprime ses volontés. 6. Donne des informations.	
Aire de tâches (comportements par rapport au travail du groupe)		7. Demande des informations. 8. Attend que les autres fassent part de leur opinion. 9. Demande des pistes, des solutions.
Aire socio-affective (comportements par rapport aux relations dans le groupe)		10. N'est pas d'accord, ne comprend pas, se désengage. 11. Est tendu, reste à l'écart du groupe. 12. Montre de l'agressivité contre les autres, se pose en s'opposant.

Exercice : Analyser les comportements

Observez un groupe de petite taille (inférieure à 10-12 personnes), et aidez-vous de la grille suivante, inspirée du tableau précédent, pour analyser les comportements des participants. Notez l'initiale du prénom ou du nom de la personne quand une de ses remarques ou interventions correspond à un item numéroté. Après l'observation, faites le bilan. Quelles remarques pouvez-vous faire ?

Attitudes des membres du groupe (d'après les catégories de Bales) Date de l'observation :.................................. Durée :..	
1. Soutient.	
2. Apaise.	
3. Accepte.	
4. Propose.	
5. Donne son avis.	
6. Informe.	
7. Questionne.	
8. Attend l'avis des autres.	
9. Demande des pistes.	
10. Refuse.	
11. Est tendu.	
12. S'oppose.	

Le groupe face à un problème

Bales observe que chaque fois que le groupe est confronté à un problème, il passe, pendant un temps plus ou moins long, par ces différentes phases :

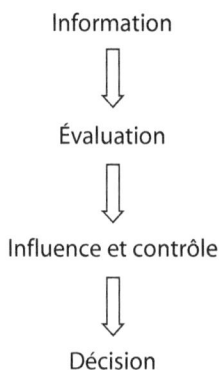

Information

⇩

Évaluation

⇩

Influence et contrôle

⇩

Décision

Le planning des gardes de nuit...

Un groupe d'infirmières réfléchit à l'aménagement des tours de garde.

Information

« Le service accueille un nombre de malades en constante augmentation. »

Évaluation

« La sécurité des malades est insuffisante la nuit. »

Contrôle

« Si nous modifions les tours de garde nous pourrons améliorer la situation. »

Décision

« Mettons-nous d'accord pour résoudre ce problème au mieux. »

Chacune de ces phases peut constituer une source de conflit pour les participantes. En outre, il est probable que l'échange d'opinions et la prise de décisions prendront beaucoup plus de temps que les autres étapes du processus.

45

Leadership et autres comportements

Dans ses recherches, Bales a également mis en évidence les phénomènes suivants :

- Les membres du groupe qui interviennent le plus souvent sont aussi ceux à qui les autres participants s'adressent le plus volontiers.
- Les messages sont d'abord destinés aux membres les plus dynamiques avant d'être adressés au groupe dans sa totalité.
- Plus la taille du groupe croît, plus la communication a tendance à se focaliser autour d'un *leader*.
- Si ce *leader* assume pleinement les fonctions d'information, d'explication et de clarification des objectifs sans imposer sa vision personnelle (style coopératif), alors les autres membres du groupe sont plus enclins à participer.
- Si ce *leader* procède lui-même à l'évaluation, au choix des orientations, des procédures et au contrôle (style autoritaire), le groupe a tendance à rester passif.

Au sein d'un groupe, les participants assument trois grandes fonctions centrées sur :

- l'activité du groupe, la tâche à accomplir (organisation, recherche d'informations, analyse critique, etc.) ;
- le bon fonctionnement de la vie affective du groupe (solidarité, régulation des tensions, encouragement, etc.) ;
- des besoins personnels qui entrent souvent en contradiction avec les deux premiers points (volonté de dominer les autres, de se faire valoir, défense de ses intérêts, critique systématique des décisions prises, etc.).

✒ **Exercice : Qualifier les attitudes des participants**

Cochez dans les cases ci-dessous les assertions qui relèvent : de la tâche, de la vie affective du groupe, de la satisfaction de besoins personnels. Contrôlez vos réponses p. 50.

	Tâche	Vie affective	Besoins personnels
1. Que ceux qui m'aiment me suivent !			
2. Ces chiffres sont riches d'enseignement.			
3. Je pense que nous avons fait du bon travail.			
4. Votre naïveté prête à sourire.			
5. Nous devons reconnaître nos erreurs.			
6. Je vous propose l'idée suivante...			
7. M. Duc, quel est votre avis sur la question ?			
8. Si votre projet fonctionne, je rentre dans les ordres.			
9. Votre remarque est intéressante.			
10. Ma longue expérience m'autorise à vous mettre en garde.			

Cet exercice vous permettra d'affiner votre capacité à identifier les conduites des membres d'un groupe. Relevez notamment les points qui concernent des problèmes d'ordre personnel et réfléchissez à la façon d'y remédier.

Ces différentes approches de la compréhension du groupe, des individus qui le composent et de vous-même constituent des repères pour analyser des situations et être capable d'y répondre de façon adaptée, avec votre propre personnalité, sans réagir de façon stéréotypée.

À VOUS DE JOUER !

▪ Sachez prendre du recul par rapport à ces approches et imposez-vous une éthique personnelle pour communiquer en toute intégrité avec le groupe.

N'OUBLIEZ PAS !

▪ Le style adopté par l'animateur oriente de façon importante les rôles et les conduites des participants. Il influe également sur les relations et le climat affectif du groupe.

Renforcer la cohésion du groupe

La cohésion d'un groupe se mesure à l'intensité du sentiment du « nous » éprouvé par les membres qui le composent. Elle se manifeste notamment à travers leur capacité à rester unis, solidaires, organisés de façon logique et en accord sur les buts communs. La cohésion est une force qui attire, rassemble et fédère les membres du groupe à la fois au niveau social (les individus) et au niveau opératoire (les objectifs, les moyens, les méthodes, les résultats).

Les psychologues sociaux ont remarqué que plus la cohésion du groupe était élevée, plus l'animateur semblait avoir de pouvoir sur ses membres. Ce qui peut parfois exercer une pression sociale dommageable pour les individus et les conduire à se rebeller afin de préserver leur sentiment de liberté.

L'animateur n'est évidemment pas l'unique dépositaire de la cohésion du groupe, mais il dispose cependant d'un certain nombre de leviers pour l'entretenir et la renforcer. Ces actions nécessitent toutefois tact et pondération pour éviter de produire ce que l'on souhaite précisément éviter !

Développer le sentiment d'appartenance

Lorsque les gens se sentent bien intégrés dans le groupe, lorsqu'ils ont la possibilité d'établir des contacts, de dialoguer, ils adoptent plus volontiers les normes, les valeurs et les habitudes du groupe. Ils ont conscience de l'intérêt que présente le fonctionnement collectif et se sentent davantage sécurisés par la force collective. L'animateur veillera à renforcer le sentiment du « nous » et l'homogénéité du groupe et à faire en sorte que l'intégration de chacun se passe au mieux : accueil des nouveaux arrivants, intégration des personnes marginales ou timides, tutorat, rituels festifs, etc.

Notez que d'autres facteurs sont susceptibles de renforcer le sentiment d'appartenance, parmi lesquels les compétitions intergroupes et toutes les menaces extérieures qui incitent les gens à se serrer les coudes et à se réclamer d'un « nous » plus puissant pour faire corps contre les agresseurs supposés ou réels.

Développer la coopération et les relations interpersonnelles

Les groupes dans lesquels flotte un climat de compétition ne sont pas très cohésifs et l'on y voit très souvent apparaître des groupuscules d'opposition, des clans, des factions. De même, lorsque le climat relationnel n'occupe pas une place privilégiée à l'intérieur du groupe, la force de cohésion est moins active.

Se sentir dans un environnement qui favorise par exemple la coopération, le respect, la considération et les échanges entre les individus renforce le lien du groupe. L'animateur s'attachera donc à faire prendre conscience aux participants qu'il est préférable pour chacun de tirer bénéfice du travail collectif plutôt que d'agir seul. Il veillera également à ce que chaque membre soit attentif aux besoins des autres et s'efforce d'y répondre. Il sera vigilant face aux jugements et aux évaluations individuels formulés devant le groupe car ces pratiques instaurent de fait un sentiment de concurrence et de rivalité qui peut nuire à la cohésion du groupe.

49

La taille du groupe influe également de façon notoire sur la qualité des échanges et la participation aux tâches communes. Plus le groupe est de taille importante, plus il est difficile pour l'animateur de générer du dialogue et de la communication, plus on relève des attitudes de retrait, d'attentisme ou de passivité qui nuisent à la cohésion.

Respecter les individualités

Chaque individu est unique : chacun a une façon de penser, de se motiver, de ressentir des émotions, de s'impliquer, de prendre des décisions qui lui est propre. Permettre aux personnes de devenir autonome, leur donner les moyens d'acquérir les savoir-faire et les savoir-être nécessaires pour trouver leur place au sein du groupe sans que ces personnes aient le sentiment d'être absorbées par la force collective constitue également ment un facteur de cohésion.

Mettre en valeur les objectifs, les actions et les résultats du groupe

Un autre moyen de renforcer la cohésion du groupe consiste à valoriser les avancées positives réalisées collectivement : succès, accomplissement des missions et des tâches, efficacité et qualité du travail commun, etc. Ce levier est corrélé aux tâches de l'animateur et notamment à la définition d'objectifs clairs et à la mise en place de méthodes et de moyens en adéquation avec les buts poursuivis par le groupe.

SOLUTIONS DES EXERCICES DU CHAPITRE 2

Exercice p. 47 : Qualifier les attitudes des participants

1. Besoins personnels ; 2. Tâche ; 3. Vie affective ; 4. Besoins personnels ; 5. Vie affective ; 6. Tâche ; 7. Tâche ; 8. Besoins personnels ; 9. Vie affective ; 10. Besoins personnels.

Chapitre 3

L'influence au sein du groupe

Les sources du conformisme

Dans la vie quotidienne, il semblerait que nous soyons plus vulnérables à l'influence des groupes que nous ne le pensons. Cette influence peut être sans conséquence, par exemple lorsque nous portons la cravate pour respecter les normes de notre entreprise : en général, cela ne modifie pas profondément nos façons d'être ou de penser. Elle peut être positive lorsqu'elle nous amène à être plus forts, plus créatifs, plus solidaires ensemble. Elle peut aussi être plus problématique, quand elle fait de nous des moutons de Panurge écervelés, soumis et dociles. L'histoire contemporaine est dans ce domaine riche d'exemples. La pression sociale peut faire commettre les pires abominations, les pires atrocités.

La pression sociale

Lorsque la pression sociale, réelle ou supposée, conduit une personne à changer d'opinion, d'attitude ou de comportement pour se rallier à ce qu'elle croit être les opinions, les attitudes et les comportements du groupe, les psychologues sociaux disent que cette personne fait preuve de conformité ou – terme plus connoté –, de conformisme. La pression sociale peut aussi bien s'exercer sur une personne déjà intégrée dans le groupe que sur une personne désireuse d'être acceptée par le groupe.

Si cette personne agit conformément aux règles, aux normes ou aux valeurs du groupe mais de façon superficielle, sans être sincèrement et profondément convaincue du bien-fondé ou de l'utilité de cette action, les psychologues sociaux parlent alors d'acquiescement. Si cette attitude répond à un commandement ou à un ordre explicite, il s'agit alors d'obéissance. En revanche, si cette personne se conforme de façon loyale et authentique aux normes du groupe, elle fait alors preuve d'acceptation. Il est d'ailleurs fréquent que l'acquiescement finisse à un moment ou à un autre par se transformer en acceptation.

Conformité	Acceptation du comportement de la norme dominante...
Acquiescement.	Sans accord profond.
Obéissance.	En réponse à un ordre.
Acceptation.	Accord sincère.

L'EFFET ASCH

Le psychologue social Solomon Asch a démontré expérimentalement que plusieurs facteurs pouvaient conduire les individus à céder à la pression d'un groupe, même si le jugement de ce groupe est à l'évidence complètement erroné et contraire au bon sens le plus élémentaire.

Imaginez-vous dans le dispositif suivant et réfléchissez à l'attitude que vous auriez personnellement face à une telle situation...

Vous participez au sein d'un groupe de sept personnes à une série d'expériences sur – vous a-t-on dit – la discrimination visuelle. Vous portez le numéro six et les participants sont interrogés à tour de rôle dans l'ordre numérique. L'expérimentateur vous présente des planches sur lesquelles figurent trois lignes verticales de 5 à 22 cm. Vous devez indiquer laquelle des trois lignes est de la même longueur qu'une ligne étalon présentée sur une planche à part.

> Vous vous apercevez très vite que l'exercice ne comporte aucune difficulté : deux des lignes sont de taille visiblement différente et trouver la ligne identique à la ligne étalon ne vous pose aucun problème. D'ailleurs les autres membres du groupe apportent invariablement les mêmes réponses que vous.
>
> Mais après plusieurs essais concordants et malgré le fait que la comparaison avec la ligne étalon ne fasse toujours aucune ambiguïté, vous constatez avec stupeur que les cinq personnes placées avant vous annoncent des réponses différentes de celle que vous vous apprêtez à donner. Comment vous sentez-vous ? Assez mal, on peut l'imaginer.
>
> L'expérimentateur vous désigne. À présent, c'est à vous de livrer votre résultat. Qu'allez-vous répondre ? Ce que vous avez vraiment observé ou ce que les autres participants ont annoncé ?
>
> Ce que vous ignorez, c'est que vos pairs sont en réalité les compères de l'expérimentateur et que vous participez à une expérience sur l'influence du groupe.
>
> Malgré son évidence fausseté, 37 % des personnes qui ont passé ce test se conforment à la réponse collective. Étonnant, non ?

L'expérience de Asch permet de s'interroger sur ce qui peut conduire une personne à se conformer à la réponse d'une majorité unanime, même si cette réponse paraît complètement aberrante. Le résultat est d'autant plus étonnant que cette personne ne subit aucune contrainte ou menace dans ses affirmations. Quand et pourquoi les gens se conforment-ils ? Comment le groupe influe-t-il sur les participants ?

Les chercheurs en psychologie sociale ont mené de nombreuses recherches dans ce domaine. Les résultats de leurs travaux font apparaître plusieurs paramètres pour comprendre les raisons des comportements conformistes. Dans votre rôle d'animateur, vous gagnerez à garder ces informations présentes à l'esprit.

N'OUBLIEZ PAS !

- Moins les gens se sentent sûrs de leur jugement, plus ils sont influençables.
- Lorsque les gens se perçoivent comme parfaitement compétents pour régler un problème, ils ont effectivement tendance à rester fidèles à leurs jugements ou à leurs attitudes. L'influence du groupe est alors moins importante. En revanche, lorsqu'ils doutent d'eux-mêmes, ils sont davantage vulnérables aux pressions extérieures.

La taille du groupe

Les petits groupes de trois à cinq personnes provoquent plus de conformité, nous disent les psychologues sociaux. En effet, ils démontrent expérimentalement que plus le nombre de personnes augmente, moins les participants ont tendance à se conformer. Les personnes insérées dans de grands groupes seraient donc moins sensibles à l'influence collective.

L'unanimité

Plus le groupe est unanime, plus les effets du conformisme sont forts. Les expériences le montrent : quand l'unanimité du groupe est brisée, son pouvoir social l'est également. Et il suffit qu'une personne dans un groupe adopte une attitude dissidente, même si cette personne se trompe, pour que d'autres participants se sentent beaucoup plus à l'aise pour affirmer leur propre jugement.

L'attractivité

Plus le groupe est attrayant, plus les personnes se conforment. Les chercheurs en psychologie sociale sont partagés à ce sujet : les individus éviteraient de se distinguer, d'affirmer leur liberté et leur indépendance lorsque le groupe leur paraît être attirant. Mais il faut, pour que ce paramètre soit vraiment significatif, que les gens aient également des doutes sur leur acceptation par le groupe, qu'ils ne se sentent pas encore intégrés. Dans ce cas alors, ils se conformeraient davantage.

La présence des membres du groupe

Les gens se conforment plus facilement lorsqu'ils répondent en public. Lorsqu'ils sont en présence du groupe et doivent s'exprimer devant les autres participants, les gens sont beaucoup plus soumis à l'influence du groupe et généralement moins capables de défendre leur propre opinion. Et il leur est, par la suite, beaucoup plus difficile de se rétracter. En revanche, si ces personnes se sont au préalable engagées, par exemple par écrit, si elles ont personnellement pris position ou formulé des jugements, elles seront beaucoup moins influençables par le groupe. Ce point est intéressant pour l'animateur : le passage par la réflexion écrite ou la discussion en sous-groupes permet d'éviter que les participants ne se conforment de façon irrationnelle aux pressions sociales exercées par le groupe.

Le statut au sein du groupe

Les personnes de statut élevé ont un peu plus d'influence que les autres. Que ce statut soit réel ou simplement signifié par un code vestimentaire, un langage ou une position professionnelle, il s'agit d'un autre constat que font les psychologues sociaux : les gens qui ont un statut inférieur ont tendance à se conformer aux gens qui ont un statut supérieur.

La preuve sociale

En sociologie, la preuve sociale est un principe selon lequel un individu, qui ne sait pas quel comportement adopter ou ce qu'il faut penser d'une situation, a tendance à adopter le comportement ou le point de vue des gens qui sont autour de lui. Ce principe n'est pas sans rappeler les fameux moutons de Panurge qui se précipitent dans la mer en suivant instinctivement le mouvement collectif. Pourquoi adoptons-nous ce type d'attitude ? Parce que nous estimons que si plusieurs personnes agissent d'une certaine manière, c'est qu'elles ont de bonnes raisons de le faire et que nous serions bien inspirés de leur emboîter le pas. Faire comme les autres est rassurant (nous sommes plusieurs à faire ou à penser la même chose), économique (inutile de chercher midi à quatorze heures, il nous suffit de fonctionner par mimétisme) et salutaire (en cas de danger, nous ne perdons pas de temps). Mais, comme le remarque le psychologue social Robert Cialdini[1], la preuve sociale représente également ment un raccourci qui rend les individus vulnérables dans la mesure où ce n'est pas parce que plusieurs personnes font la même chose que c'est la meilleure chose à faire. Dans certaines situations, un tel mode de fonctionnement aboutit à des phénomènes d'incertitude, de pensée de groupe et d'ignorance collectives, voire à des comportements plus dramatiques encore. Croire que les autres sont les garants de la vérité et les dépositaires du comportement adapté, c'est oublier qu'ils sont, eux aussi, en quête de preuves sociales dans leur environnement.

La pensée de groupe

Pourquoi les individus changent-ils de comportement ou d'attitude pour emprunter le comportement ou l'attitude des autres et finalement se mettre en harmonie avec eux ? Pour les psychologues sociaux Morton Deutsch et Harold Gerard, on peut se conformer au groupe pour deux raisons principales : soit pour faire comme les autres et être accepté par eux (influence normative), soit pour recueillir des informations importantes qui vont nous permettre d'avoir une attitude adaptée à la situation (influence informative).

---

1. R. CIALDINI, *Influence et manipulation*, Paris, Éditions First, 1990.

Influence informative	Influence normative
Évaluer ses propres perceptions de la réalité.	Faire comme les autres.
Se référer au jugement des autres pour donner un sens à ses propres perceptions.	Être accepté par le groupe majoritaire.
Gagner de la confiance à l'égard de soi-même.	Être évalué positivement par les autres.
	Obtenir des récompenses.
Être correct.	Éviter des sanctions.

Le psychologue social Irving Janis emploie le terme de « pensée de groupe » pour désigner les processus selon lesquels un groupe très cohésif peut prendre des décisions stupides, aberrantes ou parfaitement irrationnelles.

Pour reprendre la définition de Janis, la pensée de groupe est une « façon de penser que les personnes adoptent quand la recherche de l'accord devient si primordiale dans un groupe qu'elle tend à l'emporter sur une évaluation réaliste des autres possibilités d'action ».

La pensée de groupe intervient chaque fois que les gens calquent leurs opinions sur ce qu'ils croient être le consensus du groupe. La conséquence est la suivante : le groupe finit par se satisfaire d'une option qui au fond ne convient à personne !

Le phénomène de normalisation

Dans un groupe, le phénomène de normalisation exprime la pression exercée sur les individus pour réduire les différences et faire converger les opinions individuelles vers un consensus de groupe. Ce phénomène est d'autant plus marqué quand les membres du groupe sont confrontés à un problème dont ils ne possèdent pas la solution. En effet, dès lors qu'une personne est perçue comme compétente pour régler la difficulté, la norme du groupe a tendance à se rapprocher de la norme individuelle.

SHERIF ET L'EFFET AUTOCINÉTIQUE

Avez-vous déjà observé la lumière d'une étoile dans un ciel parfaitement noir ? Même si vous savez pertinemment que cette lumière est parfaitement immobile vous allez avoir très vite l'impression que cette étoile se déplace dans le ciel. Ce phénomène bien connu des astronomes s'appelle l'effet autocinétique.

Muzafer Sherif a utilisé cette illusion perceptive pour expérimenter le phénomène d'apparition d'une norme dans un groupe. Les sujets de son expérimentation sont placés dans une pièce obscure à 4,50 mètres d'un point lumineux de la taille d'un grain de riz projeté sur un mur noir. La lumière persiste quelques secondes puis disparaît. Malgré le fait que l'obscurité ne fournit aucun point de repère, les sujets doivent évaluer oralement l'amplitude du mouvement du point lumineux. L'expérimentation a d'abord lieu avec des individus pris isolément, et Sherif constate qu'à mesure que les évaluations sont répétées chaque individu tend à proposer à peu près la même valeur, dans une fourchette qui se réduit d'ailleurs au fur et à mesure des essais.

L'expérimentation est ensuite proposée à trois personnes simultanément. Sherif observe que les personnes s'en tiennent d'abord à leurs meilleures évaluations de la veille avant de modifier de façon notoire leur jugement initial. Et plus les estimations sont répétées, plus les personnes convergent vers une valeur standard. Une norme de groupe vient de naître. Une norme d'autant plus intéressante, pour comprendre les phénomènes collectifs, que le point lumineux n'a pas bougé d'un iota : l'effet autocinétique n'est qu'une illusion, un biais perceptif.

© Groupe Eyrolles

Des décisions aberrantes

Nous avons analysé quelques phénomènes d'influence qui agissent au sein des groupes et qui ont tendance à prédominer pour :

- gommer les différences au nom de la cohésion du groupe ;
- supprimer les conflits potentiels pour maintenir l'harmonie collective ;

	Processus	Description
Symptôme n° 1	Optimisme excessif.	Sentiment partagé que le groupe est intouchable et invulnérable.
Symptôme n° 2	Rationalisation.	Absence de remise en question. Défense bec et ongles des décisions antérieures sans nouvelle analyse. Justification collective des actions.
Symptôme n° 3	Supériorité morale.	Les problèmes moraux ou éthiques ne sont pas envisagés par le groupe qui a tendance à penser qu'il n'y a pas d'autre morale que la sienne. Le groupe ignore sa propre immoralité.
Symptôme n° 4	Perception stéréotypée des opposants.	Les adversaires sont considérés comme méchants ou incapables.
Symptôme n° 5	Conformisme excessif.	Les membres du groupe qui émettent des avis divergents sont désapprouvés, tournés en ridicule, sanctionnés ou expulsés.
Symptôme n° 6	Autocensure.	Les membres du groupe taisent leurs propres inquiétudes sur les décisions qui sont prises.
Symptôme n° 7	Illusion d'unanimité.	L'absence de conflits et de contradictions donne l'impression que le groupe parle d'une seule voix.
Symptôme n° 8	Action des « gardiens de la pensée ».	Certains membres protègent le groupe des faits désagréables et des informations susceptibles d'entacher la moralité du groupe.

Les huit symptômes de la pensée de groupe

- encourager l'amabilité – de façon parfois hypocrite – entre les participants ;
- isoler ou exclure les points de vue critiques ou divergents.

Éviter la pensée de groupe

Pour Irving Janis, les phénomènes de pensée de groupe engendrent de nombreuses erreurs, surtout lorsque le groupe doit prendre des décisions importantes. La tendance à rechercher à tout prix un consensus, la volonté de gommer les antagonismes et la pression toujours plus forte vers la conformité : tous ces facteurs rendent le groupe incapable de collecter des informations contraires. Il ne sait plus faire preuve d'inventivité en explorant, par exemple, d'autres pistes, en recherchant d'autres solutions à un problème, il nie toute différence.

L'animateur doit faire preuve d'une surveillance attentive pour prévenir les effets désastreux de la pensée de groupe. D'autant qu'il peut être lui-même à l'origine des symptômes évoqués : quoi de plus agréable pour l'ego qu'un groupe qui parle comme un seul homme, un groupe qui autocensure ses dissensions et se purge de ses détracteurs ? L'animateur se sent l'âme d'un meneur charismatique : avec lui, tout fonctionne comme sur des roulettes… Heureusement, la réalité est tout autre : la vie du groupe se nourrit de ses conflits, de ses divergences, de ses erreurs. La pensée de groupe est une plaie sous l'apparence de la salubrité.

Cela signifie-t-il qu'il faille être méfiant à l'égard de toutes les décisions collectives ? Non, bien évidemment. Les expérimentations le démontrent : à plusieurs, nous faisons pratiquement toujours de bien meilleurs choix que si nous étions seuls. Les orientations prises par le groupe sont généralement les orientations les plus satisfaisantes.

Il n'empêche que la pensée de groupe est un phénomène qui doit éveiller votre vigilance d'animateur. Le tableau ci-dessous vous aidera à mettre en œuvre des outils pour éviter la pensée de groupe.

Signaux de vigilance	Outils de l'animateur
Le groupe converge rapidement vers une solution unique ou un moyen terme.	Permettre, voire encourager les évaluations critiques, les objections, l'expression des désaccords. Nommer un « avocat du diable » qui prendra systématiquement le contre-pied de toutes les décisions. Prévoir des sous-groupes de travail suivis de mises en commun collectives. Doubler les réunions devant conduire à une prise de décision importante en proposant une autre date pour la décision finale.
La pression du groupe ne permet pas aux personnes de s'exprimer librement.	Privilégier les moyens de réponse anonymes (boîte à idées, forums de discussion ou messages anonymes en ligne sur Internet, etc.)
Le groupe prend des décisions sans information suffisante.	Rechercher toutes les informations nécessaires et évaluer toutes les orientations possibles. Faire appel à des experts extérieurs au groupe.
Des membres du groupe qui émettent des avis contraires font l'objet de moqueries ou de vexations publiques.	L'animateur doit veiller à la sécurité de chacun et rappeler les contrevenants à la règle ou les exclure purement et simplement.
L'animateur partial, trop sûr de ses convictions cherche à séduire le groupe pour le rallier à sa cause.	L'animateur doit, chaque fois que cela est possible, rester neutre. Il émettra le cas échéant son avis personnel en dernier lieu et sans s'étendre de façon excessive sur ses positions.
Isolement du groupe et signes fréquents d'opposition ou d'hostilité à l'égard d'autres groupes ou du monde extérieur.	S'appuyer sur des faits concrets, objectifs : ne pas fantasmer d'éventuelles marques d'agression venant de l'environnement. Ouvrir le groupe sur son environnement en invitant des observateurs ou des intervenants extérieurs à participer aux travaux du groupe.

Partie II

SE PRÉPARER AVANT UNE INTERVENTION

À moins d'avoir de solides dispositions personnelles ou une pratique régulière de l'animation, il peut paraître hasardeux de se lancer tête baissée dans la conduite d'un groupe sans un minimum de préparation. Cette deuxième partie vous permettra de faire le point sur les éléments de votre communication et vous aidera à vous préparer aussi bien physiquement (respiration, placement de la voix, diction) qu'émotionnellement.

Comment nouer le contact avec le groupe ? Pourquoi est-il nécessaire d'être cohérent ? Quels sont les gestes et les postures qui facilitent la communication ? À quelle distance faut-il se tenir du public ?

Parce que le contenu de la communication est entièrement soumis à son contexte relationnel, le chapitre 6 fait également le point sur les paramètres de la communication non verbale.

Chapitre 4

Conduire un groupe

Il existe différentes manières de conduire un groupe. Elles sont essentiellement subordonnées :

- à la personnalité de l'intervenant et à son style de conduite ;
- à l'identité et à la taille du groupe ;
- aux objectifs à atteindre ;
- aux différences de statut entre les participants ;
- au contexte (entrent en compte notamment le cadre physique et temporel, la structure de l'organisation, mais aussi la nature des relations qui existent entre l'intervenant et le groupe et entre les membres du collectif eux-mêmes).

Cinq sources de pouvoir

Toute action collective s'intègre dans un processus qui conjugue plusieurs facteurs et notamment l'incontournable question du pouvoir et de l'autorité. Lorsqu'on anime un groupe, il est intéressant de s'interroger sur ce qui est à l'origine du pouvoir que l'on peut exercer, de façon consciente ou non, sur ses pairs.

Les psychologues sociaux French et Raven ont déterminé cinq sources potentielles de pouvoir. À des niveaux variables, chaque animateur peut avoir recours à ces différentes bases de pouvoir. Ce sont cependant les capacités à maîtriser les différentes formes du pouvoir personnel qui font

65

souvent la différence. Ce sont elles, en effet, qui fournissent les meilleurs atouts à l'animateur pour mener à bien sa tâche.

Les pouvoirs de position

Trois types de pouvoir relèvent des pouvoirs de position identifiés par French et Raven : le pouvoir de coercition, le pouvoir de récompense et le pouvoir légitime. Ils reposent sur l'ensemble des circonstances extérieures qui font que l'animateur dispose d'un ascendant sur le groupe.

Le pouvoir de coercition

Le pouvoir de coercition est fondé sur la capacité de menacer et d'exercer des sanctions. Lorsque l'animateur utilise la contrainte, la pression psychologique ou la punition pour obtenir que les membres du groupe accomplissent certaines tâches ou adoptent certains comportements, il actionne son pouvoir de coercition. Ce mode d'animation essentiellement fondé sur la peur peut avoir des effets dévastateurs sur l'implication des personnes et le climat du groupe. La coercition va à l'encontre des principes mêmes de l'animation et de la pédagogie participative.

Le pouvoir de récompense

Si les membres du groupe adoptent un comportement satisfaisant, l'animateur dispense des récompenses, des faveurs ou des avantages appréciés qui stimulent les participants. Cette pratique behavioriste est apparentée aux techniques de dressage. Elle est au fond assez proche de la coercition dans la mesure où, une fois encore, la réalité concrète des rapports humains et la responsabilisation des individus ne sont pas prises en compte. L'animateur qui abuse de son pouvoir de récompense actionne cette fois-ci le levier du plaisir et non plus celui de la peur.

Le pouvoir légitime

L'animateur dispose dans cette forme de pouvoir d'un statut hiérarchique reconnu par les membres du groupe. Il occupe une place qui l'autorise à exercer une autorité rationnelle « légale » sur les participants. Toutefois, l'excès manifeste de l'exercice du pouvoir légitime peut susciter le désintérêt voire les récriminations ou la rébellion, surtout si l'animateur se laisse aller à la dictature des « petits chefs ».

Les pouvoirs personnels

Les pouvoirs personnels sont dus à des capacités individuelles qui appartiennent en propre à la personne qui les détient. Il existe deux types de pouvoirs personnels : le pouvoir d'expertise et le pouvoir d'influence.

Le pouvoir d'expertise

L'animateur détient des informations, des connaissances, des compétences, que les membres du groupe désirent acquérir car elles apparaissent pertinentes au regard de la tâche à accomplir ou encore parce qu'elles pourraient permettre au collectif d'évoluer. Le pouvoir d'expertise entraîne une relation de complémentarité entre l'animateur et les membres du groupe. Il reste à savoir comment cette complémentarité sera perçue. Les participants accepteront-ils l'expertise de l'animateur sans discuter ? Se soumettront-ils de façon passive à la « bonne parole » de l'expert ? Ou bien chercheront-ils à instaurer des rapports plus symétriques, donc potentiellement plus conflictuels ?

De son côté, comment l'animateur va-t-il présenter et exprimer son expertise ? Saura-t-il faire preuve d'humilité et de pédagogie ou bien usera-t-il de son pouvoir pour conserver la mainmise sur le groupe et, d'une certaine manière, asservir les participants ?

Le pouvoir de référence

Ce pouvoir est fondé sur le charisme de l'animateur. Celui-ci, en tant que personne centrale du groupe, suscite des émotions collectives, notamment lorsqu'il dispose d'une influence importante sur la cohésion du groupe. Objet d'identification, d'admiration ou de rejet pour les participants, il focalise sur lui de façon souvent non consciente des pulsions d'ordre amoureux ou des réactions d'opposition.

Nature	Type	Actions	Levier
Pouvoirs de position	Pouvoir de coercition.	Menacer/sanctionner.	Peur.
	Pouvoir de récompense.	Dispenser des compensations, des avantages, des faveurs, etc.	Plaisir.
	Pouvoir légitime.	Actions déterminées par un statut hiérarchique.	Respect d'une légalité.
Pouvoirs personnels	Pouvoir d'expertise.	Actions déterminées par des compétences.	Désir ou besoin d'informations.
	Pouvoir de référence.	Influencer.	Identification, admiration.

Cinq sources de pouvoir dans la conduite d'un groupe

Trouver son style d'animation

Le style d'animation adopté par l'intervenant oriente également de façon importante les rôles et les conduites des participants. Il influe également sur les relations et le climat affectif du groupe.

Le style informel

Jean-François, un professeur sans autorité...

Jean-François enseigne le français aux classes de première d'un lycée du centre-ville de Lyon. « J'aime enseigner, mais l'autorité n'a jamais été mon fort », reconnaît-il à juste titre.

En effet, Jean-François laisse la classe s'organiser seule. Il accepte, par exemple, que certains élèves arrivent vingt minutes après le début du cours sans motif particulier. D'autres pourront choisir de rédiger un devoir de maths, de faire une partie de tarot ou d'écouter de la musique sur un baladeur.

« Je ne suis pas un flic, explique-t-il pour justifier son laxisme, il ne m'appartient pas non plus de materner les élèves. Après tout, qu'ils se prennent en charge ! »

68

Résultat : une très forte hostilité s'installe entre les lycéens qui ont envie de travailler et ceux qui préfèrent s'adonner à des activités moins scolaires. Les ressentiments des uns et des autres se reportent sur le professeur qui, du même coup, perd son autorité et compromet sa réputation.

Dans sa manière d'enseigner, Jean-François adopte délibérément un style informel où il laisse ses élèves faire tout ce qu'ils veulent. Ce style d'animation peut devenir problématique pour le groupe en raison notamment du sentiment d'insécurité qu'il entraîne pour les individus. Si ce type d'animation convient pour les petits groupes où les gens se connaissent bien ou pour les groupes centrés sur une tâche à accomplir et capables de s'organiser, en revanche, des élèves livrés à eux-mêmes peuvent se sentir abandonnés par le professeur et adopter des comportements agressifs qui se retournent contre l'enseignant ou leurs pairs. Le travail du groupe cède vite le pas au chaos total.

Le style affirmé

Gilles décide de tout

Gilles est directeur d'un hypermarché dans une ville de province. Comme tous les lundis matin, il réunit l'ensemble des chefs de rayon pour faire l'état des résultats de la semaine précédente.

Gilles constate que la responsable chargée de la vente des articles en cuir n'a pas atteint les objectifs qui lui ont été assignés. Il réprimande cette personne sans lui laisser la possibilité de s'exprimer et décide au vu des stocks disponibles de faire afficher immédiatement des soldes de moins trente pour-cent sur l'ensemble du rayon cuir.

À contre-pied du style informel, le style affirmé place l'intervenant au centre du groupe : totalement directif sur le fond et sur la forme, sur le contenu et les procédures, il décide de tout et dicte de façon autoritaire ses choix sans impliquer les membres du groupe. Ce mode d'animation est adapté aux situations urgentes, lorsque des prises de décision rapides s'imposent. Il convient également aux groupes peu préparés au travail collectif. Toutefois ce style d'animation, qui n'est guère exaltant pour les individus, peut provoquer des réactions de révolte ou des comportements apathiques au sein du groupe. On veillera donc à l'utiliser principalement comme style de conduite transitoire.

Le style influent

Micheline influence ses collaborateurs

Pour optimiser les temps d'accueil et les contacts clientèle de la plate-forme téléphonique qu'elle dirige, Micheline a entièrement remanié les horaires de présence et les modalités de récupération d'heures de travail de ses salariés. Mais elle ne peut pas imposer le nouveau dispositif de façon péremptoire. Elle décide donc d'organiser une réunion de travail avec son personnel afin de faire « valider » ses propres tableaux de bord tout en s'arrangeant pour que ses collaborateurs aient le sentiment d'être les auteurs du nouveau processus.

Dans cette formule, l'animateur est directif sur le contenu mais non directif sur les méthodes. Autrement dit, il sait précisément où il veut aller mais il n'est pas particulièrement préoccupé par la façon de s'y rendre ! S'il incline aux pratiques manipulatoires, il imposera ses décisions en laissant croire aux individus qu'il s'agit de leur propre choix. Cela est caractéristique dans l'exemple de Micheline.

Le style arbitre

Fred pose des règles

Fred est animateur social dans un quartier populaire de Grenoble. Il aide notamment les jeunes de 12 à 18 ans à construire des projets artistiques et culturels qui sont localement très appréciés.

Dans les groupes qu'il anime, Fred a pour principe de laisser les individus prendre en charge leurs réalisations sans émettre de jugement ou d'évaluation. Cependant, il accorde une part importante au dialogue et à la négociation et se montre intransigeant sur les règles communes : « Les règles sont notre fonds commun. Ce sont elles qui nous permettent d'avancer et d'aller au bout de nos projets. »

Le style arbitre, adopté par Fred, est plus coopératif. Souvent cité comme référence et adopté par nombre d'animateurs, il détermine un mode de conduite plus démocratique du groupe. Directif sur la forme, les méthodes, les procédures mais non directif sur les contenus, l'animateur coordonne les activités du groupe en favorisant la participation. Attentif au *feed-back*, il prend en compte les besoins des individus et s'intègre lui-même dans le collectif sans pour autant remettre en cause son autorité.

Savoir changer de pratique

Chaque animateur est plus ou moins influencé par ces quatre principaux modes de conduite d'un groupe et il est important de savoir changer de pratique en fonction du contexte. L'animateur peut même être amené à modifier son style d'animation en cours de travail s'il constate que les besoins du groupe ne sont pas en phase avec ses choix d'animation. Toutefois, cette pratique fort déstabilisante pour les individus est à utiliser avec tact et circonspection.

Il existe également une multitude de styles intermédiaires qui sont des refontes, des aménagements ou des enchaînements des quatre premiers. On aurait, par exemple, un style affirmé/paternaliste, un style arbitre/influent ou informel/violent, etc.

	Informel	Affirmé	Influent	Arbitre
Rôle de l'animateur	Non directif sur les contenus et les méthodes. Laxiste, indifférent, voire résigné, il reste à l'écart de la vie du groupe.	Directif sur le contenu et les méthodes. Tout passe par lui. Il commande mais ne participe pas.	Directif sur le contenu mais pas sur les méthodes. Il oriente le travail du groupe et peut céder à la manipulation.	Directif sur la forme mais pas sur les contenus. Attentif au *feed-back*, il favorise la communication et s'intègre au groupe.
Comportements au niveau du groupe	Sentiment d'abandon. Anxiété. Risques d'éclatement en sous-groupes. Jeux de pouvoir et tensions internes.	Passivité. Sentiment de frustration des individus qui ne peuvent pas s'exprimer. Risques de conflit.	Sentiment de fausse liberté qui peut donner lieu à des comportements de rejet ou à des attitudes de soumission.	Sentiment de valorisation. Les individus s'investissent dans le groupe et coopèrent de façon efficace.
Avantages	Si le groupe parvient à se prendre en main, très forte valorisation du collectif.	Prises de décision très rapides. Style adapté pour une conduite transitoire.	Permet de contrôler la production du groupe tout en laissant les individus libres de choisir les procédures de travail.	Sentiment d'appartenance. Forte implication.
Inconvénients	Dérives anarchiques. Éloignement des objectifs. Prise de décision problématique.	Le groupe n'a pas de vie propre. La communication est niée. Manque d'écoute.	L'influence peut rapidement dériver vers la manipulation et l'animateur être déjugé par le groupe.	L'importance accordée aux échanges interindividuels ne permet pas d'agir rapidement. Style inadapté quand le statut de l'animateur lui impose d'intervenir sur les contenus.

Les styles d'animation

Test : Déterminez votre style dominant !

Le test suivant décrit une aventure maritime cocasse. Il vous permettra de déterminer, dans les grandes lignes, votre style dominant. Choisissez les comportements que vous auriez dans ces situations et reportez-vous au corrigé de l'exercice p. 90.

Vous sortez en mer à bord de votre voilier neuf. Des amis vous accompagnent...

I – La mer secoue votre embarcation. Votre ami Serge se tient le ventre à deux mains. Il devient olivâtre.

1. Vous énoncez les règles de base de l'alimentation du marin. À savoir pour la prochaine fois !

2. Vous n'y prêtez pas attention.

3. Vous remarquez qu'il ne se sent pas bien et vous lui proposez un autre poste.

4. Vous lui dites de regarder l'horizon : sûr que cela va passer.

II – La tempête fait rage.

1. Vous demandez qui est le meilleur barreur car vous souhaitez atteindre le cap Gris-Nez au plus vite.

2. Vous prenez immédiatement la barre bien que Pedro soit un excellent skipper.

3. Vous distribuez les rôles en fonction des compétences de chacun.

4. Vous faites des pronostics sur l'évolution météo et le sort de votre fragile embarcation.

III – Une dispute éclate à bord.

1. Qu'ils se débrouillent !

2. Vous dites à vos amis qu'ils se comportent comme des enfants de cinq ans.

3. Vous comprenez les tensions et proposez à chacun de vos amis d'exprimer en une phrase ses craintes personnelles.

4. Vous ordonnez à vos amis de se taire sur-le-champ.

IV – Le bateau se retourne.

1. Vous vous précipitez vers le canot de sauvetage car vous pensez être le seul à connaître le dispositif de gonflage.

2. Vous pressez vos amis de mettre la chaloupe à flot en leur expliquant que c'est là votre dernier recours.

3. Décidément, vous n'avez pas de chance !

4. Vous vous assurez que personne n'est en difficulté.

V – Le temps passe sans que vous réussissiez à retourner le bateau.

1. Vous écoutez vos amis pour trouver la meilleure issue possible.

2. Vous attendez les secours.

3. Vous proposez à vos amis de leur offrir le champagne s'ils parviennent à remettre le bateau à l'endroit.

4. Vous donnez des ordres pour renflouer le bateau.

VI – Vous vous en êtes sortis sans dommages. Le soir, au bar des Pêcheurs...

1. Vous racontez vous-même l'incident aux clients du bistrot.

2. Vous riez ensemble de votre mésaventure.

3. Vous commandez un second apéritif.

4. Vous laissez vos amis raconter l'incident en apportant vos commentaires et remarques personnels.

Se faire apprécier du public

Le tableau suivant vous permet de mettre en relation certains comportements avec les effets qu'ils peuvent produire au niveau du groupe.

Vous êtes plutôt du genre...	Perceptions possibles
qui ne s'en laisse pas conter. Pour vous, un groupe doit être dirigé avec fermeté. Vous vous centrez sur l'objectif à atteindre.	Vous apparaissez comme quelqu'un de rigide. Vous avez tendance à négliger l'écoute.
qui ne fait que passer. Vous vous excusez presque d'être là. Vous allez essayer de faire votre possible...	Vous apparaissez comme quelqu'un de transparent. Vous manquez de confiance en vous, de corps, de voix, de conviction.
qui en fait trop. Dans votre numéro d'acteur, vous en rajoutez volontiers une louche. Vous déclamez votre texte avec emphase en articulant à outrance et en faisant de grands gestes.	Vous apparaissez comme quelqu'un d'ampoulé, de prétentieux. Vous devenez vite ridicule et agaçant pour le groupe.
qui parle tout le temps. Pour vous, le silence, c'est la mort ! Alors vous faites du remplissage. Le flot de votre parole est ininterrompu.	Vous apparaissez comme quelqu'un d'angoissé. Vos bavardages n'ayant d'autre objet que de meubler le silence ou de détourner votre peur du groupe. Vous risquez de fatiguer vos interlocuteurs. En tout cas, vous avez très peu le sens de l'écoute.
qui veut se mettre le groupe dans la poche. Pour vous, pas de problème, votre petit côté sympa vous permet d'obtenir ce que vous souhaitez.	Vous apparaissez comme un simulateur prêt à jouer sur l'affectif pour parvenir à ses fins. Les autres ne sont souvent que vos faire-valoir. Attention à la pente glissante de la manipulation (vous risquez d'en faire un jour les frais) !

74

Vous êtes plutôt du genre...	Perceptions possibles
qui sait tout. Vous êtes un expert sur le sujet que vous abordez. Vous pourriez en parler pendant des heures sans caler. Pour vous, l'essentiel est là.	Volontiers condescendant, vous apparaissez comme une banque de données, froide et rigide. Auriez-vous oublié que l'essentiel de la communication repose sur la relation que vous entretenez avec vos auditeurs ?
qui a peur des vagues. Votre stratégie à vous, c'est d'arrondir les angles. Vous avez peur des retombées. Vous noyez le poisson parce que vous redoutez les conflits.	Vous apparaissez comme quelqu'un de tiède qui manque de conviction personnelle. Votre résistance au changement vous pousse à contourner les situations qui posent problème. Vous êtes l'homme du compromis. Pas celui du consensus.

Acquérir du *leadership*

Le terme de *leadership* est un mot anglais qui traduit les aptitudes d'un individu à échanger des informations, à mettre les autres en confiance, à impulser les actions du groupe et à créer un sens commun.

Cette forme d'habileté relationnelle n'est pas un principe intangible dans la mesure où elle est entièrement soumise au contexte dans lequel elle intervient et auquel elle s'ajuste. Être un bon *leader*, c'est donc être capable d'adapter sa conduite de manière à ce qu'elle soit acceptable pour le groupe que l'on dirige.

Mais cette première observation en appelle d'autres :

- Pour savoir ce qui est acceptable pour le groupe, il est nécessaire de faire preuve d'une écoute permanente des autres de telle sorte que la réalité puisse à tout moment être réinterprétée.

- Pour que cette écoute soit pertinente, il est nécessaire que les membres du groupe se sentent pris en considération par le *leader*.

- Cette considération ne sera effective que si le *leader* contribue à créer un climat de confiance dans son équipe.

75

- L'instauration d'un climat favorable découle d'une communication saine et d'un engagement collectif sur la tâche à accomplir et les objectifs à atteindre.

Ceci ne sera possible que si le *leader* est capable de traduire les intentions en actes et d'imprimer une mobilisation très forte au groupe, par exemple autour de valeurs communes.

À faire	À éviter
Donner des orientations.	Imposer des changements.
Encourager la participation et l'implication des individus.	Instaurer des systèmes de contrôle de type sanction/récompense.
Influencer sans arrière-pensée malveillante.	Utiliser la culpabilisation, la manipulation, le dénigrement, l'ironie, etc.
Développer l'autonomie du groupe.	Rendre le groupe dépendant de vous-même.
Faire confiance aux autres.	Douter des capacités des membres du groupe.
Faire preuve de constance.	Attendre des résultats immédiats.

Comment acquérir du leadership ?

Le bon sens paysan nous livre deux proverbes qui trouvent tout leur sens dans l'animation de groupe.

« On récolte ce que l'on sème. »

Quel que soit votre pouvoir sur le groupe, si vous multipliez les affrontements, les récriminations, les humiliations, si le chantage affectif et la manipulation sont vos principales armes, les résultats induits au niveau du groupe finiront un jour par vous atteindre.

« Qui sème le vent récolte la tempête. »

Parce qu'elle conduit, par un effet « boule de neige », à un renforcement des processus, la communication interpersonnelle est une arme à double tranchant. Ou elle donne plus d'intensité à votre *leadership*, ou elle vous fait perdre toute crédibilité.

Test : Évaluez votre leadership !

Vos réponses à ce test vous permettront de déterminer si vous êtes plutôt de tempérament autocratique (vous savez ce que vous voulez, les autres n'ont qu'à suivre), gestionnaire (vous appliquez les recettes qui ont fait leurs preuves parce que vous restez méfiant à l'égard d'autrui) ou si vous avez l'âme d'un vrai *leader*. Choisissez les réponses correspondant à votre comportement et faites le total de vos ❑, ☆ et ⭘. Contrôlez vos résultats en vous reportant à la p. 92.

1. Quel est le pronom personnel que vous utilisez le plus souvent quand vous animez une réunion ?

❑ Nous

⭘ Je

☆ On

2. Votre directeur vous annonce sa volonté de revitaliser l'entreprise.

☆ Vous attendez de voir.

⭘ Vous voyez ça d'un mauvais œil.

❑ Vous pensez que tout changement est passionnant.

3. Votre secrétaire vous annonce qu'elle va solliciter un congé formation de six mois pour approfondir ses connaissances en bureautique.

⭘ Vous attendez qu'elle quitte son bureau pour appeler le service des ressources humaines et demander qui va la remplacer.

❑ Vous l'encouragez chaleureusement.

☆ Vous lui confiez à mots couverts que le temps va vous paraître long.

4. Vous avez le sentiment que le courant passe mal entre vous et les membres de votre club.

❑ Vous leur dites clairement ce que vous ressentez.

☆ Vous restez vigilant en attendant que les choses s'améliorent.

⭘ Vous ne vous sentez pas responsable de cette situation.

5. Avec votre équipe de travail, vous devez prendre une décision…

⭘ Vous savez exactement où vous voulez en venir et, l'air de rien, vous orientez la discussion dans ce sens.

❑ Vous attendez que le groupe ait largement débattu pour donner votre point de vue.

☆ Vous commencez par donner votre avis personnel.

6. Dans le groupe que vous animez, une personne ne cesse de vous faire des objections.

○ Vous vous sentez personnellement agressé… Vous l'invitez à quitter la salle.

☆ Vous la contrez bille en tête.

❏ Vous répercutez les objections à l'ensemble du groupe.

7. Votre entreprise marche bien, mais elle présente un certain nombre de dysfonctionnements…

☆ Vous convoquez l'ensemble de vos collaborateurs pour leur dicter de nouvelles consignes.

❏ Vous réunissez vos collaborateurs pour faire émerger le besoin de changement et trouver collectivement des solutions.

○ Vous rédigez une circulaire à afficher dans tous les services.

8. Vous êtes président d'une association. Au cours d'une assemblée générale houleuse, des clans s'opposent sur les orientations à suivre.

❏ Vous calmez le jeu en régulant les échanges. Vous analysez la nature du conflit et recadrez le groupe sur le problème réel.

○ Vous stoppez les débats pour passer à autre chose. Les choses se stabiliseront d'elles-mêmes.

☆ Vous laissez se développer les affrontements sans intervenir : il faut laisser crever l'abcès.

9. Pour vous, la communication interpersonnelle c'est…

☆ Un outil de gestion sociale.

○ Une perte de temps.

❏ Un principe essentiel.

10. Votre verbe clé…

☆ Motiver.

❏ Mobiliser.

○ Diriger.

Cultiver l'empathie

L'empathie, c'est la faculté pour un individu de se mettre à la place de l'autre et de comprendre ce qu'il peut ressentir.

L'EFFET PYGMALION

En 1968, Rosenthal et Jacobson[1] ont mis en évidence « l'effet Pygmalion » à partir d'une expérience qu'ils ont menée dans une école primaire aux États-Unis. Le dispositif était le suivant : en début d'année, un psychologue soumet les enfants de plusieurs classes à un pseudo-test psychologique. À la suite de quoi, il prévient les enseignants qu'un certain nombre de ces élèves présentent des capacités intellectuelles supérieures à la moyenne. Ils doivent s'attendre à des progrès rapides chez ces élèves. En réalité, la liste des enfants désignés est due au hasard : ils ont été tirés au sort dans chaque classe. Mais en procédant de cette manière, le psychologue a créé chez les enseignants une attente positive concernant les élèves sélectionnés. Quatre mois plus tard, une série de tests – bien réels ceux-là ! – témoigne des progrès importants de ces enfants, bien supérieurs à ceux de leurs camarades.

Cette expérience démontre une chose : lorsque nous avons une vision et des attentes positives à l'égard du groupe et des individus qui le composent, nous engageons la communication dans une voie plus empathique. Notre attitude suscite un climat de bienveillance et de confiance réciproques.

---

1. ROSENTHAL R., JACOBSON L., *Pygmalion à l'école,* Casterman, Tournai, 1972.

Exercice : Le film à l'envers

Au cours d'une réunion ou d'un débat que vous animiez, le groupe a eu des comportements inattendus par rapport à ce que vous avez dit ou fait. Vous n'en avez toujours pas compris le sens.

Repassez-vous mentalement le « film » de l'intervention en essayant de vous remémorer ce que vous avez ressenti à ce moment-là.

Maintenant, visionnez de nouveau la scène avec un œil extérieur, comme si, par exemple, vous étiez un observateur situé dans un autre endroit de la salle.

Quelles sont vos remarques ?

Par exemple :

– Vos interlocuteurs ont décroché.

– Vos propos ont créé un malaise.

– Vous avez agressé vos auditeurs.

– Vous n'avez pas su vous faire comprendre.

Les missions de l'animateur

Le rôle de l'animateur est pour le moins complexe car il intègre à la fois des données objectives, rationnelles, productives et une dimension plus subjective, plus humaine, liée à l'implication des individus et à la régulation des relations dans le groupe. Ces deux dimensions, celle du contenu et celle de la relation, sont indissociables.

Autrement dit, si l'animateur propose des tâches clairement définies et planifiées, assorties d'outils et de méthodes pertinents (ce qui est déjà un bon point !), mais qu'il néglige le climat du groupe, alors il n'assure pas correctement sa fonction. De même, s'il favorise une communication claire, dans une ambiance sympathique d'ouverture et de franchise mais avec des objectifs flous et en omettant de fournir les méthodes et les informations indispensables au travail du groupe, là encore il ne remplit pas son contrat de façon satisfaisante.

Les spécialistes en dynamique de groupe et en pédagogie participative décrivent trois fonctions principales qui incombent à l'animateur : la fonction de facilitation, la fonction de production et la fonction de régulation.

La fonction de facilitation

La fonction de facilitation, centrée sur les méthodes, les moyens, les outils utilisés pour faire avancer le travail du groupe, est probablement la première responsabilité de l'animateur. Elle consiste à faire en sorte que chacun des membres du groupe soit en mesure d'exprimer et d'exercer ses compétences dans les meilleures conditions. Plusieurs tâches incombent à l'animateur.

Préparation matérielle

Prévoir le travail du groupe en amont, c'est-à-dire avant le moment de la rencontre, est un passage souvent obligé. Recueillir les informations nécessaires au travail du groupe, aménager l'espace de rencontre en positionnant correctement les tables et les chaises, prévoir un éclairage satisfaisant, préparer les auxiliaires pédagogiques de l'animateur : tableau de papier, feutres de couleur, rétroprojecteur, transparents ou ordinateur portable, rallonge électrique, etc. Toutes ces missions ont leur importance pour que d'emblée les choses fonctionnent bien.

Accueil des membres du groupe

Il paraît difficile de démarrer de but en blanc l'animation d'un groupe sans avoir procédé au « préchauffage » de celui-ci : saluer les participants, se présenter, organiser les présentations des membres du groupe, faire un bon mot, raconter une anecdote amusante, poser une question saugrenue qui prendra son sens plus tard… Les animateurs qui négligent ou passent trop rapidement cette « mise en condition » relationnelle se privent d'une occasion idéale de détendre les membres du groupe, de les mettre en confiance, de les préparer au travail en douceur. Ces quelques minutes sont loin d'être du gaspillage et le contrôle de la gestion du temps n'est pas un argument pertinent pour justifier que l'on saute cette étape.

Exercices

1. Briser la glace

Lorsqu'un groupe se constitue, il est important de créer rapidement un lien entre les individus afin qu'ils fassent connaissance, qu'ils se sentent à l'aise et que les relations soient personnalisées. Veillez à créer une ambiance détendue, chaleureuse, amicale, sereine. Les exercices présentés ci-dessous peuvent également être utilisés pour renforcer la cohésion des équipes ou dynamiser le travail du groupe.

2. Se présenter

Dans un groupe appelé à durer, cet exercice vous permettra de faire rapidement les présentations en évitant le classique « tour de table » dans lequel certaines personnes, stressées à l'idée de devoir prendre la parole pour se présenter devant des inconnus, n'écoutent pas ce que disent les gens qui les précèdent.

À l'entrée de la salle, distribuez à chaque participant un carton sur lequel vous aurez inscrit d'un côté un numéro, de l'autre le prénom de la personne. Demandez-leur ensuite de se présenter au plus grand nombre de personnes possible, en associant prénom et numéro. Ils resteront debout et pourront naviguer librement de l'un à l'autre.

Faites asseoir les participants. Chacun positionnera son carton de manière à ce que seul son numéro soit visible. Demandez à chaque personne d'établir sur une feuille de papier la liste des numéros de 1 à x et d'écrire tous les prénoms qu'ils ont mémorisés, en face des numéros correspondants. Procédez au bilan de l'exercice collectivement.

3. Trente secondes chrono

Vous en avez assez des présentations interminables, des bavards professionnels et des taciturnes ? L'exercice suivant vous permettra de réaliser cette étape indispensable sans perdre trop de temps. Laissez quelques minutes aux participants pour se préparer à ce travail : se présenter en trente secondes, pas une de plus, mais pas une de moins. Demandez-leur de faire preuve d'originalité dans leur présentation, de vous donner envie d'en savoir davantage sur leur compte. Ensuite, montre en main et sans commentaires intermédiaires, démarrez et enchaînez les présentations.

4. Qui suis-je ?

Cet exercice peut être proposé lorsque les participants se connaissent déjà un peu, par exemple au début d'un deuxième jour de travail ou de formation. Distribuez à chaque personne une feuille à remplir individuellement avec des questions :
• Quelle est votre principale qualité ?
• Comment occupez-vous vos loisirs ?

• Quelle est votre couleur préférée ?
• Disposez-vous d'un animal de compagnie ? Lequel ?
• Où passerez-vous vos prochaines vacances ?
• Quel est votre plat favori ?
• Pratiquez-vous un sport ? Lequel ?
Ce travail réalisé, ramassez les documents, mélangez-les et redistribuez-les de façon aléatoire (une personne peut se trouver en possession de sa propre feuille). Chaque participant lira à tour de rôle la feuille qu'il a entre les mains et chacun essaiera d'identifier qui en est l'auteur.

5. Le détecteur de mensonges
Voilà un nouvel exercice pour faire connaissance de façon ludique.
Demandez à chaque participant de trouver trois affirmations ou trois expériences personnelles dont deux seront exactes et une fausse.
Une première personne expose ses trois affirmations. Les autres, par un jeu de questions-réponses, essaient de trouver l'affirmation inexacte. La personne qui a détecté l'affirmation fausse présente à son tour ses trois informations, etc.

6. Improvisation

Les exercices d'improvisation représentent, selon moi, des outils pédagogiques de premier ordre pour développer les compétences en communication, améliorer l'écoute de soi et des autres, développer l'esprit d'initiative, la spontanéité et la prise de risque, accepter le regard des autres, prendre confiance en soi, s'exprimer en public et gagner en assurance, libérer la créativité personnelle et collective.
Pour cet exercice, munissez-vous d'une balle de mousse et demandez aux participants de se disposer en cercle.
1. Lancez la balle à la première personne. Dès réception, celle-ci doit prononcer un groupe nominal de son choix, par exemple : « le petit chat malade », « une gentille sorcière », « un matin ensoleillé », etc. Ensuite, elle envoie la balle à une autre personne du groupe qui prononce à son tour un nouveau groupe de mots. Poursuivez l'exercice jusqu'à ce que chaque participant ait pris la parole une fois et une fois seulement. Le dernier vous renverra la balle. Remerciez le groupe pour son travail.
2. L'exercice se complique. Cette fois, à chaque lancer, le groupe nominal doit être complété par une « suite » nominale ou verbale de manière à former une phrase complète puis un groupe de phrases s'intégrant dans un récit cohérent. Par exemple : « Un matin ensoleillé, » « les enfants dormaient encore, » « lorsque quelqu'un frappa » « brutalement à la porte. » « Ma femme me lança » « un regard inquiet. » « Un homme de forte carrure, » « mal rasé, » « ... », etc.
Après l'exercice, lancez un débat pour évaluer la réussite du travail, les difficultés rencontrées, le ressenti des participants.

7. Le puzzle à l'envers

Les objectifs de cet exercice sont de favoriser les échanges verbaux, l'organisation collective et la coopération. Il peut se pratiquer dans un petit groupe de douze personnes maximum, au-delà, vous pouvez organiser le travail en sous-groupes ou désigner des observateurs qui seront attentifs aux interactions entre les participants au jeu (la prise de notes est recommandée).

Munissez-vous d'une affiche ou d'un poster de grand format, d'une paire de ciseaux et d'un rouleau de ruban adhésif. Ensuite, à l'aide de la paire de ciseaux, découpez l'image en autant de parties qu'il y a de participants et donnez un morceau à chacun. La consigne est la suivante : « Organisez-vous de manière à reconstituer l'image *à l'envers*, c'est-à-dire recto contre le sol ou la table. » Lorsque ce travail est terminé, scotchez les morceaux et retournez l'affiche. Que constatez-vous ? La tâche a-t-elle été menée à bien ?

Faites collectivement le bilan de cet exercice. Le cas échéant, commencez par écouter les remarques des observateurs.

8. Avec mes compliments

Vous pouvez proposer cet exercice en fin de séminaire de formation ou lorsque le groupe a terminé une tâche. Généralement, les gens ont tendance à retenir prioritairement les dysfonctionnements, les manques ou les défauts de leurs pairs. Il s'agit de renverser la vapeur. Distribuez des feuilles de papier et demandez à chaque participant d'y inscrire son nom. Faites circuler les feuilles de papier de main en main.

Chacun écrira, de façon anonyme, à propos de la personne concernée, un éloge, un compliment, une remarque positive, un souvenir agréable. Rendez les documents à leur propriétaire. Cet exercice peut donner lieu à un échange collectif.

Établissement du contrat de communication

Un contrat, c'est une convention passée entre des personnes qui se mettent d'accord sur un ensemble de lignes de conduite.

Pour entretenir un climat de confiance réciproque et une communication de qualité au sein du groupe, vous pouvez proposer ce contrat minimal fondé sur la loi des 3P[1].

---

1. Proposée par P. CROSSMAN.

LA LOI DES 3 P

P comme Protection

Chacun doit pouvoir se sentir serein et en sécurité dans le groupe. Nul ne s'autorise à humilier, à manipuler ses pairs ou à tirer profit du groupe à des fins purement personnelles. Les horaires et les règles d'échange sont respectés.

P comme Permission

Chaque participant se sent autorisé à exprimer ses sentiments, même s'il doit déplaire à ses pairs. Il accepte d'écouter totalement le point de vue des autres sans réaction excessive. La parole n'est pas réservée. En cas de conflit, des solutions « adultes » sont recherchées.

P comme Puissance

Le groupe dispose d'une énergie qui doit être bénéfique à tous les participants. Cette énergie collective permet à chacun d'être reconnu, de se construire et de réussir.

Annonce des objectifs et de la méthode de travail

L'animateur propose des objectifs clairs et réalistes, une méthode, un plan et il en discute avec les participants. S'il doit, dans la plupart des cas, être plutôt directif sur les buts à atteindre, il pourra, en revanche, adopter une attitude moins directive sur les chemins qui vont conduire à la réalisation de ces objectifs afin de permettre l'expression des membres du groupe. Un style trop affirmé provoque souvent des frustrations et nuit à la créativité du groupe.

Structuration du travail du groupe

L'animateur a pour mission principale d'aider le groupe à progresser dans la réalisation de ses objectifs. Pour cela, il met tout en œuvre pour aider l'organisation collective du travail. Il guide et clarifie les échanges et propose des plans de travail, des organigrammes, des tableaux de bord, des graphiques, des indicateurs, des synthèses partielles, des mémos, des évaluations...

La fonction de production

Si l'animateur est en premier lieu un facilitateur pour le fonctionnement et le travail du groupe, il n'est en revanche pas forcément un producteur. Autrement dit, il donne le grain à moudre aux participants, mais ce sont d'abord ces derniers qui vont s'acquitter des actions concrètes du groupe : s'exprimer, formuler des hypothèses, apporter et échanger des informations, des connaissances, des expériences, des opinions personnelles, construire des solutions, élaborer un produit, résoudre un problème...

La mission de l'animateur repose donc en premier lieu sur le pilotage du groupe vers ses objectifs de travail, vers le but à atteindre ou la tâche à accomplir, et non pas sur l'imposition systématique de ses propres pensées ou perceptions ! Auquel cas il s'agirait davantage de manipulation que d'animation...

L'animateur analyse la question à traiter, le travail à effectuer. Il délivre ou collecte les informations nécessaires et guide l'avancée du groupe dans son travail sans abuser des techniques de questionnement ou de reformulation.

L'animateur veille également à ce que le groupe apprenne à améliorer son fonctionnement et à se perfectionner, par exemple en prévoyant un temps de bilan ou d'évaluation en fin de séance de travail. Les membres du groupe sont alors invités à partager des idées d'amélioration pour les séances suivantes.

Exercice : Créer une structure de production

Dans cet exercice, qui peut occuper une demi-journée d'activité, il s'agit de mettre en place un processus global de production à partir d'un pliage. Les objectifs de ce travail sont multiples : développer les aptitudes au travail de groupe, favoriser l'auto-organisation, être capable de prendre collectivement des décisions, d'organiser et de planifier une tâche, communiquer avec efficacité, être à l'écoute des autres, savoir choisir des solutions adaptées, se répartir les rôles en fonction des aptitudes de chacun, etc.

Règles :
• vous devez trouver la meilleure organisation possible ;
• n'imposez pas votre avis ;
• écoutez toutes les propositions ;
• tout le monde doit participer à cette production.

Matériel
Feuilles de papier grand format, de différentes couleurs et en quantité suffisante, instruments de mesure et de traçage, ciseaux.

Déroulement
Un pliage est proposé par l'animateur, par exemple un avion ou une cocotte en papier.
Exemple de consigne : « Je vous passe commande de quinze avions rouges d'une longueur de 23 cm, de dix-huit avions bleus d'une longueur de 12 cm et de six avions verts d'une longueur de 34 cm. Vous disposez de deux heures pour réaliser ce travail. » Le groupe doit rapidement mettre en place une organisation efficace pour concevoir les engins, faire les calculs nécessaires intégrant les cotes de pliage, couper les feuilles au format, régler tous les problèmes de fabrication, etc.
Un débriefing vous permettra, après l'exercice, de pointer les difficultés rencontrées dans la conduite de ce travail et d'explorer des pistes de remédiation.

La fonction de régulation

La vie affective du groupe détermine pour une large part, nous l'avons vu, la qualité du travail effectué par celui-ci. C'est pourquoi l'animateur doit être en mesure d'écouter et d'observer les tensions, les hésitations, les retraits, les refus. Il analyse ce qui est dit, mais aussi ce qui est de l'ordre du ressenti, ce qui se « parle » autrement qu'avec des mots. Disposant d'une juste compréhension des principaux phénomènes de groupe, l'animateur agit en cas de blocage en évitant de fuir, de minimiser ou de dramatiser le problème. Il n'a pas peur du conflit et l'envisage de façon positive : dans son esprit, tout conflit peut devenir une occasion d'évoluer pour le groupe.

Réguler le groupe signifie :

• faciliter les échanges ;
• percevoir le climat du groupe ;
• aider à la confrontation sereine des points de vue ;
• analyser les sources de blocage.

L'animateur met à l'aise les participants et fait en sorte d'instaurer un climat ouvert, loyal et franc dans le groupe. La confiance, l'écoute et le respect mutuel sont ses maîtres mots. Il est d'ailleurs au premier chef le garant du contrat de communication et des règles communes du groupe.

Il sait également impliquer les individus et organiser les interventions de chacun de façon équitable, tout en favorisant la compréhension entre les personnes mais sans systématiser la prise de parole. Le droit de parler, c'est aussi celui de se taire !

L'animateur surveille également l'heure et l'évolution vers l'objectif en fonction du temps convenu au départ.

Facilitation	Centrée sur les méthodes, les moyens, les outils utilisés.
Production	Centrée sur les objectifs, le but à atteindre, la tâche à accomplir.
Régulation	Centrée sur les personnes, le climat relationnel.

Les trois fonctions de l'animateur

Exercice : Quelle fonction ?

Quelle est la fonction assurée dans les actions ou déclarations suivantes ? Mettez une croix dans la colonne qui vous semble appropriée. Contrôlez vos résultats p. 92.

	Facilitation	Production	Régulation
1. L'animateur propose une synthèse de ce qui vient d'être décidé.			
2. « Mme Germain, voulez-vous laisser M. Lachaux terminer sa remarque s'il vous plaît ? »			
3. L'animateur consulte sa montre et déclare : « Il nous reste dix minutes pour terminer sur ce point. »			
4. L'animateur lit un article contenant des données qui concernent le travail du groupe.			
5. Un membre du groupe : « J'ai une idée… »			
6. « M. Lachaux pense que ce projet n'entre pas dans le cadre de travail de notre association. Est-ce aussi votre avis, Mme Germain ? »			
7. « Je suis désolé, mais ce point n'est pas à l'ordre du jour. »			
8. « Personne ne souhaite s'exprimer sur cette question ? Comment interprétez-vous ce mutisme ? »			
9. « Je veux vous faire part de mon expérience sur ce sujet… »			
10. « Voilà la démarche que je vous propose d'adopter… »			
11. « Mme Germain, pouvez-vous nous résumer les travaux de votre équipe ? »			
12. « Pouvez-vous cesser de discuter à voix basse s'il vous plaît ? »			
13. « Mon hypothèse est la suivante… »			
14. L'animateur perçoit une tension au sein du groupe.			
15. L'animateur propose d'évaluer le travail du groupe en fin de séance.			

Fonctions complémentaires

L'implication du groupe dans son environnement

Tout groupe appartient à un système plus vaste avec lequel il interagit : il est en compétition ou coopère, par exemple, avec d'autres groupes ou organisations dont il est parfois l'émanation. Il doit aussi rendre des comptes à ses mandants et expliquer ses missions pour être reconnu, identifié, soutenu. Dans ces différentes situations, le groupe émet des informations vers l'extérieur et prélève celles qui lui sont nécessaires pour exister. La tâche de l'animateur peut donc également intégrer cette dimension liée à l'insertion du groupe dans le contexte environnemental plus large auquel il appartient.

L'évolution du groupe dans le temps

Un groupe est un système vivant. Il n'est jamais définitivement figé dans ses buts, ses modes de fonctionnement, ses besoins ou ses résultats. Car sa rigidité signe souvent son arrêt de mort. L'animateur a donc aussi pour fonction d'aider le groupe à accomplir sa transformation dans le temps, à reformuler ses besoins, à changer ses orientations et à se donner de nouveaux objectifs. Il en est de même en première ligne lorsqu'il s'agit d'accompagner la dissolution du groupe quand celle-ci devient inéluctable.

SOLUTIONS DES EXERCICES DU CHAPITRE 4

Test p. 73 : Déterminez votre style dominant !

Dans la grille suivante, entoure les lettres qui correspondent à vos réponses et faites vos comptes !

	(1)	(2)	(3)	(4)
I	B	A	D	C
II	C	B	D	A
III	A	D	C	B
IV	B	C	A	D
V	D	A	C	B
VI	B	D	A	C

Total des A : ...

Total des B : ...

Total des C : ...

Total des D : ...

Vous avez plus de 3 A : Vous êtes plutôt du style informel. L'action n'est pas vraiment votre fort. À l'écart de votre équipe, vous attendez avec résignation que les choses se décantent. Votre mot d'ordre : « Advienne que pourra ! »

Vous avez plus de 3 B : Vous êtes plutôt du style affirmé. Évidemment, lorsqu'il s'agit de prendre des décisions dans l'urgence, ce mode de conduite d'un groupe permet d'agir rapidement. Mais êtes-vous sûr d'avoir choisi les bonnes solutions ?

Vous avez plus de 3 C : Votre style privilégié est le style influent. Vous savez où vous voulez aller et vous laissez les autres vous y conduire, mais attention : l'influence est proche cousine de la manipulation.

Vous avez plus de 3 D : Votre dominante repose davantage sur le style arbitre. Mais attention, dans certaines situations, vous n'aurez pas toujours le temps d'attendre que chacun ait donné son point de vue.

Si aucune dominante ne se dégage de vos réponses (vous n'avez pas plus d'un ou deux points dans chaque rubrique) : en fonction de la situation, vous adoptez un style plutôt qu'un autre. Autoritaire dans les situations urgentes, vous savez aussi être à l'écoute des autres et laisser le groupe se prendre en main, à moins que vous ne jugiez utile de l'influencer. Méfiez-vous toutefois des changements trop rapides ou injustifiés d'un style à l'autre : vos interlocuteurs risquent de ne plus savoir sur quel pied danser !

Test p. 77 : Évaluez votre leadership !

Vous avez un maximum de ○ : Vous êtes plutôt de tempérament autocratique. Les autres vous inspirent de la méfiance et vous préférez imposer vos solutions. Pour vous, la négociation équivaut à une perte de temps. Mais lorsqu'elle s'avère un passage obligé, vous utilisez volontiers la culpabilisation ou la manipulation pour parvenir à vos fins. Et si vous changiez un peu votre fusil d'épaule ?

Vous avez un maximum de ☆ : Vous faites preuve d'une certaine ouverture, mais vous n'avez pas totalement confiance dans les personnes qui vous entourent. Votre stratégie pourrait se résumer en ces mots : « Attendons de voir ce qui va se passer. » Souvent attaché aux valeurs qui ont fait leurs preuves, vous hésitez à aller de l'avant, sauf si vous y êtes contraint et forcé par les événements. D'un tempérament plutôt gestionnaire, vous voyez la communication comme une « béquille » sociale. Quelques changements dans votre façon de voir les choses vous permettraient sans doute de devenir un *leader* efficace.

Vous avez un maximum de ❑ : Sans doute avez-vous l'âme d'un vrai *leader.* Patient, ouvert aux autres et confiant dans leurs capacités à réussir, vous êtes pour l'engagement collectif et la participation. Doué du sens de l'écoute, vous donnez des orientations sans arrière-pensée manipulatoire.

Exercice p. 89 : Quelle fonction ?

1. facilitation ; 2. régulation ; 3. régulation ; 4. Production ; 5. production ; 6. facilitation ; 7. régulation ; 8. facilitation ; 9. production ; 10. facilitation ; 11. facilitation ; 12. régulation ; 13. production ; 14. régulation ; 15. production.

Vous avez plus de 10 réponses exactes : Bravo !

Vous avez entre 5 et 10 réponses exactes : Vous avez presque tout intégré mais vous pouvez relire le chapitre pour vous perfectionner…

Vous avez moins de 5 réponses exactes : Une nouvelle lecture s'impose !

Chapitre 5

Être à l'aise

Pour une communication efficace

Toute communication est un processus d'influence et de négociation dans lequel les protagonistes visent en permanence à coproduire et à redéfinir la relation qui les unit les uns aux autres.

Le tableau suivant[1] vous permet de clarifier les termes et les éléments contextuels de la communication.

Qui est celui qui parle ?	L'animateur, le *leader*, le manager, le chef, l'orateur.
Que dit-il ?	Quels sont la nature de ses propos, le contenu du message ?
De quel droit le dit-il ?	Dispose-t-il d'un pouvoir, d'un savoir, d'un savoir-faire, ou de connaissances particulières ?
À qui le dit-il ?	Quels sont ceux qui composent le groupe : des subordonnés, des pairs, des inconnus ?
Où et quand le dit-il ?	Quelles sont les conditions matérielles de la communication ?
Comment le dit-il ?	Quelle est la stratégie ? Quels sont les moyens utilisés ?
Pourquoi le dit-il ?	Toute communication implique un processus de transformation. Quels sont les objectifs à atteindre ?
Quels sont les effets prévisibles ?	Quelles sont les conséquences pour le groupe et les individus ?

1. Inspiré du modèle de Harold D. LASWELL, sociologue américain.

Pour que la communication avec un groupe soit efficiente, il est nécessaire que l'intervenant connaisse les éléments qui la composent.

Christine ennuie son auditoire...

Universitaire reconnue, Christine organise une conférence de presse pour présenter son nouvel ouvrage consacré à l'essor du multimédia éducatif. Le livre est tout
frais !

Au cours de son intervention, elle multiplie les termes techniques et se lance dans
une savante démonstration assortie d'un jargon psychosociologique abscons. Le
tout organisé dans des phrases de quarante mots !

Résultat : Sur la soixantaine de journalistes présents, deux seulement consacreront
un article à son ouvrage.

→ **Analyse**

Dans cet exemple, Christine a invité les journalistes avec les objectifs suivants :
présenter son livre et le promouvoir dans la presse écrite. Les effets obtenus sont-
ils à la mesure des objectifs qu'elle s'est fixés ? Non, bien sûr. Au cours de son
intervention, Christine a manqué de réalisme sur deux points concomitants qui
sont essentiels dans la communication : les récepteurs[1] et la nature du message,
autrement dit, les moyens linguistiques utilisés.

Sans doute passionnée par sa recherche et habituée des colloques universitaires,
Christine n'a pas adapté son message à ses interlocuteurs. Elle parlait une autre
langue qu'eux !

Un examen attentif des réactions provoquées par sa conférence de presse[2] aurait
sans doute permis à Christine de réorienter son intervention dans une voie plus
accessible pour ses auditeurs.

---

1. Dans le schéma linéaire classique de la communication établi par les mathémati-
   ciens SHANNON et WEAVER dans les années cinquante, le récepteur est la personne
   qui capte le message envoyé par l'émetteur, qui le décode et l'interprète.
2. Les journalistes montrent par exemple des signes d'agacement ou d'incompréhen-
   sion. Certains froncent les sourcils, bâillent ou toussotent, d'autres font des commentaires à voix basse, etc.

N'OUBLIEZ PAS !

- Les effets produits par la communication comptent plus que les intentions de départ.
- De la même manière que « la carte n'est pas le territoire[1] », chacun a sa propre perception de la réalité qui n'est pas la réalité mais l'interprétation qu'il s'en fait.
- Pour établir et maintenir la communication avec un groupe, il est souvent utile d'ajuster son message et ses comportements à ce que les autres sont en mesure de recevoir ou d'accepter.

---

1. Cet aphorisme est dû au linguiste Alfred KORZYBSKI.

La relation avec les autres

Vous n'intervenez pas dans un groupe par hasard ! En fonction des situations, vous êtes confronté au groupe pour :

- faire part de vos connaissances ou de vos compétences ;
- informer le groupe ;
- influencer le groupe pour modifier ses comportements ;
- stimuler la production collective ;
- organiser le travail du groupe en vue de réaliser un objectif, etc.

Quelle que soit la nature de votre intervention, vous devez tenir compte du type de relation que vous entretenez avec votre auditoire. Parce que cette relation dépasse largement les contenus que vous voulez transmettre. Elle est pilotée en amont par l'expérience que vous avez en commun, et détermine, en aval, le sens de vos échanges à venir.

Georges fait les frais de sa mauvaise réputation

Georges est ingénieur. Il possède la parfaite maîtrise d'un nouveau système expert qui doit être mis en place au siège de la société de grande distribution où il travaille.

Pour ses collègues de travail, Georges a la réputation d'être un homme froid et méprisant.

Le jour où il doit présenter le nouveau système à l'ensemble des cadres, il fait l'objet de critiques déguisées et de remarques ironiques qui compromettent sérieusement sa démonstration.

D'une manière générale, plus la relation que vous entretenez avec vos interlocuteurs est « saine » (les comportements et les messages des uns et des autres sont en phase avec les intentions réelles), plus la communication pourra être importante en termes de contenu (vous ferez passer davantage d'informations). À l'inverse, plus la relation qui vous lie aux membres du groupe est de mauvaise qualité, plus vous devrez faire d'importants efforts de communication pour faire passer un contenu plutôt maigre. La relation englobe et devance les contenus.

Plus la relation est de qualité entre nous, plus nous serons capables d'échanger du contenu, moins nous devrons faire des efforts pour communiquer ensemble.

Plus la relation est conflictuelle, plus le contenu échangé est maigre (quand il n'est pas absent). Dans cette situation, nous consacrons, en effet, l'essentiel de notre temps à redéfinir la relation qui nous unit les uns aux autres.

1 : Contenu
2 : Relation

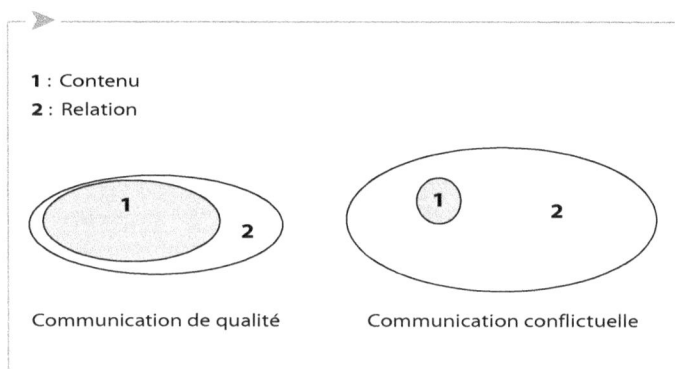

Communication de qualité   Communication conflictuelle

L'importance du contexte

Nous vivons dans une société qui a posé pour principe que la transmission logique et rationnelle d'une information surpassait largement toute autre forme de préoccupation. Pourtant, le contexte et l'environnement agissent sur nous, bien souvent à notre insu.

Choisir un contexte « ami »

Françoise organise une réunion du club de patchwork à 21 heures, un vendredi soir de décembre, dans une salle réputée pour manquer de chauffage. Sur une vingtaine d'adhérentes, trois seulement sont présentes.

Pour l'assemblée générale du judo, Henri ne dispose que d'une salle de classe. Pour prendre la parole, les membres du comité lèvent bien sagement le doigt.

⇒ **Analyse**

Ces exemples montrent de façon très claire que le contexte[1] détermine l'efficacité du groupe. D'ailleurs, une communication ne peut pas être extraite de son contexte comme une baguette de mikado, de la même manière qu'on ne peut pas décoller les mots d'un livre de leur support de papier. Le contexte fait partie intégrante de la communication.

_____

1. Le mot vient du latin *contexere* : « tisser avec ».

Contraintes de temps	Contraintes liées à l'environnement	Contraintes culturelles
La durée de l'intervention est limitée. On évitera les réunions en fin de matinée, en début d'après-midi ou tard le soir. Pour certaines équipes de travail, les lundis matin et les vendredis après-midi sont à proscrire. Prévoir une pause de dix minutes toutes les heures.	Le cadre doit être accueillant : plantes vertes, sièges de qualité, décor agréable, éclairage satisfaisant. Veiller à la disposition des tables et des chaises. Sont-elles en nombre suffisant ? Leur disposition est-elle adaptée à la situation ? Attention également à la température de la salle. S'il fait trop chaud, vos auditeurs auront tendance à s'assoupir.	Savoir quelles sont les habitudes du groupe. Connaître les règles implicites ou explicites qui s'accordent le mieux au fonctionnement général du groupe. Adapter son vocabulaire. Respecter les normes d'interlocution (on ne parle pas en même temps qu'une autre personne, on évite de lui couper la parole, etc.) et les normes rituelles (on ne tourne pas le dos au public, etc.)

Tenir compte du contexte

L'aménagement de la salle de travail

L'aménagement et le confort de la salle dans laquelle aura lieu la rencontre déterminent de façon notable le travail collectif. Les participants se sentent-ils en sécurité ? L'espace n'est-il pas trop vaste ou au contraire trop exigu ? Des toilettes sont-elles situées à proximité ? Des bruits gênants peuvent-ils déranger le travail du groupe (sonneries de téléphone, éclats de rire, bruits de travaux…) ?

De même, la disposition des tables et des chaises permet-elle de répondre aux objectifs de travail ? Les participants ont-ils la possibilité de prendre des notes ? L'espace prévu entre les membres du collectif et l'animateur et entre les participants eux-mêmes est-il en accord avec les habitudes relationnelles du groupe et avec le type d'échange souhaité ? Toutes ces questions matérielles ont leur importance.

Les schémas suivants vous donnent des indications pour organiser au mieux l'aménagement de votre espace de travail.

La classe

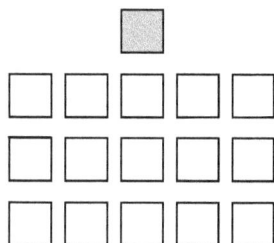

Dans cette configuration, l'information ne peut pratiquement circuler qu'à sens unique. Seules les interactions entre voisins sont possibles. Cette disposition convient dans le cas d'une animation très directive et pour transmettre des messages à un public qui ne fait qu'enregistrer. Le *feed-back* entre les membres du groupe est quasiment impossible.

En cercle

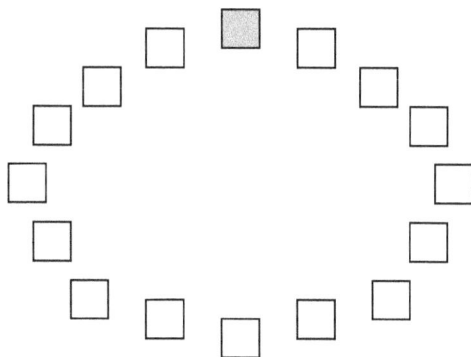

Cette disposition favorise le dialogue et le *feed-back* entre les participants et permet une animation aisée. La présence de l'animateur y est moins manifeste que dans la disposition en U. Cet aménagement convient bien pour les discussions centrées sur une tâche ou un problème bien spécifiques ; ou encore pour des réunions où l'échange joue un rôle important. Cependant, au-delà de quinze personnes on lui préférera une autre organisation.

En U

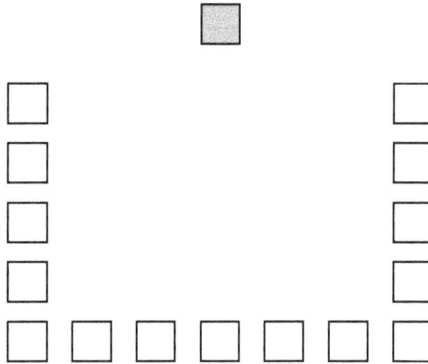

Dans cette disposition, l'animateur se distingue clairement du groupe et peut aisément recueillir du *feed-back*. La disposition en U est recommandée pour des échanges « en étoile » avec l'animateur. Mais si elle favorise les discussions relayées par celui-ci, elle ne permet pas en revanche un réel dialogue entre les membres du groupe.

En rectangle

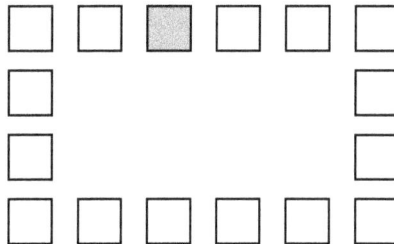

Dans cette configuration, les participants ne voient pas leurs pairs situés latéralement. La transmission d'informations est aisée mais les échanges interpersonnels sont modérés et difficilement possibles latéralement.

Certains membres du groupe peuvent se désintéresser du travail collectif, faire preuve de méfiance ou montrer des réactions d'opposition.

En rangées se faisant face

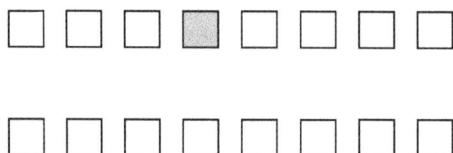

□ □ □ ■ □ □ □ □

□ □ □ □ □ □ □ □

Ici le groupe est désagrégé. Cette disposition incite davantage à l'affrontement qu'à une réelle communication entre les personnes. L'animation dans un tel espace se montre souvent problématique. Là encore, on peut observer des comportements de désintérêt ou des risques d'affrontement.

En éclaté

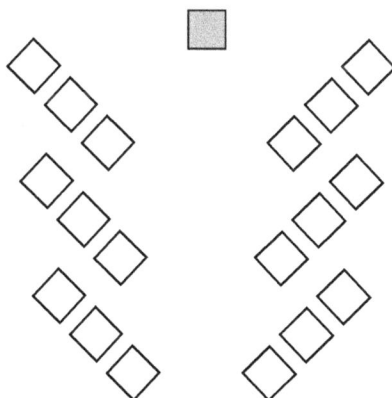

Ce dispositif présente des avantages dans l'animation de groupes de taille importante parce qu'il permet d'alterner des phases de réflexion ou de recherche en petits groupes puis des phases de mise en commun en grand groupe. Et cela, sans nécessiter de pénibles déménagements de petit mobilier.

En panel

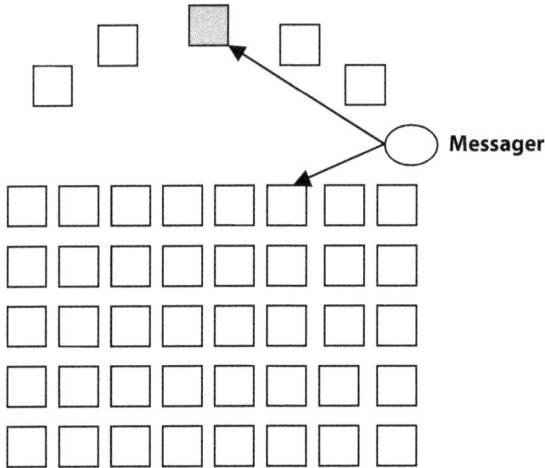

Messager

Dans le cas d'un groupe de taille importante, le panel permet de structurer des débats en utilisant la technique de l'échantillonnage. Sur ce schéma, ce sont les quatre personnes encadrant l'animateur qui ont la parole. Elles peuvent être choisies au hasard ou représenter différentes sensibilités au sein du groupe. Le messager transmet à l'animateur les questions ou les observations rédigées par les membres de l'auditoire sur de petits morceaux de papier. L'animateur a pour mission d'organiser et de réguler les échanges.

Définir un objectif concret

Définir un objectif revient à préciser de façon consciente, en termes concrets et positifs ce que l'on souhaite obtenir.

Précis	**M**aîtrisable
Positif	**M**obilisateur
Pertinent	**M**esurable

Des objectifs mal définis

1. « L'année prochaine, nous devons améliorer les résultats de l'entreprise. »
2. « Dans mon club de natation, il faut qu'on parle de l'occupation du bassin. »
3. « La fête du CE doit être mieux organisée. »
4. « J'organise une réunion de parents d'élèves parce que je ne veux pas qu'on me reproche de ne pas les informer. »

➡ **Analyse**

Aucun de ces quatre objectifs ne constitue une ressource suffisante pour être présentés devant un groupe. Pourquoi ? Parce qu'ils sont approximatifs et mal formulés. Ils ne permettent pas d'avoir une vision précise des résultats qui sont attendus de la communication.

1. L'objectif n'est pas suffisamment explicite. « Obtenir un chiffre d'affaires supérieur de 15 % à celui de cette année, soit x milliers d'euros », énonce déjà plus clairement le but à atteindre.

2. L'objectif n'est pas clair quant aux intentions réelles. Préférer : « Je souhaite obtenir une ligne d'eau complémentaire. »

3. Il faut se méfier des formulations « pièges ». Par exemple, celles qui utilisent la comparaison « mieux que » : Que quoi ? Que quand ? En fonction de quels critères ? Qui pense que la fête doit être mieux organisée ?

4. L'objectif est formulé négativement. Il répond à une stratégie d'évitement et, à ce titre, il ne peut pas être considéré comme un objectif réel.

À VOUS DE JOUER !

▪ Formulez vos objectifs de façon claire et positive. Utilisez un vocabulaire simple et précis et des verbes d'action.

▪ Prenez personnellement vos objectifs en charge en utilisant la première personne du singulier : le « vous » implique davantage.

➤

- Demandez-vous ensuite s'ils sont réalisables. Vous pouvez vous aider en faisant appel à votre mémoire : vous êtes-vous fixé, par le passé, un objectif similaire ? Quels ont été les effets produits au regard des résultats attendus ? En d'autres termes, quelles sont aujourd'hui les implications pour le groupe, pour vous-même et pour votre environnement ? Les avantages surpassent-ils largement les conséquences négatives ? Bref, le jeu en vaut-il la chandelle ?
- Si vous estimez qu'il est possible d'atteindre vos objectifs, interrogez-vous sur les moyens que vous allez mettre en œuvre pour y parvenir et fixez-vous des échéances réalistes.
- Notez quels sont les indicateurs qui vous permettront de savoir que vous avez obtenu les résultats attendus. Essayez d'imaginer ce que vous ressentirez à ce moment-là.

Se préparer avant d'entrer en scène

De la même façon que l'acteur travaille son rôle pour provoquer des émotions, que l'avocat peaufine ses dossiers pour convaincre les jurés, l'animateur doit être capable de maîtriser sa parole, ses émotions et ses comportements face au groupe. C'est une question de respect, autant pour ses interlocuteurs que pour lui-même.

Attention, maîtriser ses émotions ne signifie pas les réprimer : il s'agit plutôt de découvrir les attitudes appropriées qui vous permettront d'exprimer réellement votre personnalité au sein du groupe.

Michel ne prend pas sa parole en charge...

Agriculteur dans la région de Moulins, Michel est également président de la Fédération départementale d'une compagnie d'assurances à caractère mutualiste. À ce titre, il est très régulièrement amené à conduire des assemblées plénières ainsi que des réunions de secteur.

Michel fait préparer son intervention par un cadre de l'agence locale – « un joli brin de plume ! » – parce qu'il se dit incapable de le faire lui-même. Il lit le texte et le conducteur[1] de la réunion deux ou trois jours avant « la date fatidique » pour procéder aux corrections nécessaires et remplacer les mots qui accrochent.

Quelques heures avant le début de son intervention, Michel absorbe un ou deux verres de whisky (avec le temps, deux sont devenus nécessaires). Il juge que cette pratique lui apporte un peu de détente et lui permet d'être moins angoissé.

→ Analyse

L'exemple de Michel illustre quelques-unes des difficultés qui peuvent se présenter dans la préparation d'une action avec un groupe. Michel fait rédiger son texte et le fil de son intervention par un collaborateur ; autrement dit, il ne prend pas sa parole en charge. En outre, il utilise un discours écrit. Pour rassurante qu'elle soit, cette méthode pose un problème : on ne pense pas de la même manière à l'oral qu'à l'écrit. Michel se contente de relire son texte sans s'interroger sur sa « mise en scène », ce qui revient à négliger la relation qui est pourtant un puissant moteur du contenu.

---

1. Le conducteur est un document écrit qui fait apparaître de façon claire, précise et minutée le canevas de la rencontre. Qui intervient ? Comment s'enchaînent les contenus ? À quel moment utiliser les visuels ? Etc.

À VOUS DE JOUER !

▪ Pour intervenir dans un groupe, l'alcool, au même titre que les excitants, les drogues et les médicaments sont des palliatifs à déconseiller.

▪ Préférez des techniques plus douces comme la visualisation positive, les exercices respiratoires, le yoga…

▪ N'attendez pas le dernier moment pour préparer votre intervention (un exposé d'une quarantaine de minutes peut nécessiter plus de dix heures de travail préparatoire).

▪ Construisez votre scénario avec perspicacité. Ce travail effectué, vous devez avoir l'impression de disposer d'un « paquet bien ficelé » ! Si tel n'était pas le cas, revoyez votre copie, en vous méfiant toutefois des exigences déraisonnables.

Vient ensuite le travail de répétition de l'action. Cette phase de la préparation ne se justifie pas toujours. Vous apprécierez en fonction du contexte et de la nature de votre intervention si celle-ci est souhaitable ou non. Mais soyons bien clairs sur le sens du mot « répétition ». Il ne s'agit pas de mettre un rôle en boîte et de réchauffer le contenu de la boîte le moment venu. Une répétition n'a de sens que si elle ne vous enferme pas dans un processus. Méfiez-vous donc des effets calculés, de la gestuelle programmée, des textes récités. D'abord parce que le direct n'est pas rationalisable, un grain de sable peut se glisser dans les rouages, ensuite parce que le public percevrait très rapidement le côté compassé de votre comportement.

Visualiser l'intervention

Cette première étape de la répétition consiste à ancrer dans votre esprit le fil conducteur et les temps forts de votre préparation. Elle vous permet également d'être plus sûr de vous.

Installez-vous confortablement. Fermez les yeux et respirez profondément. Déroulez mentalement l'ensemble de l'intervention. Faites cet exercice plusieurs fois. Imaginez-vous en pleine action, face à votre public. Représentez-vous positivement la situation : vous vous exprimez avec aisance, vos auditeurs vous écoutent attentivement, leurs regards traduisent de la bienveillance à votre égard. Vous êtes confiant et vous vous sentez totalement impliqué dans la relation. Vous éprouvez un état de bien-être et de calme intérieur.

Travailler le texte

Il s'agit cette fois de travailler l'intervention à haute voix en position debout. Respirez calmement. Utilisez les possibilités de votre voix et laissez venir les gestes naturellement. Placez-vous devant un public imaginaire et variez les zones de regard. Répétez plusieurs fois les passages importants de votre intervention : l'accroche, les relances, le verrouillage de fin. Vous pouvez pratiquer cet exercice à la maison, seul ou devant des amis qui vous feront part de leurs observations.

Le filage

Cette pratique consiste à répéter l'ensemble de l'intervention du début jusqu'à la fin, *in situ*, mais en l'absence de public. Elle permet de régler l'ensemble des questions techniques (éclairage, sonorisation, rideaux, effets visuels, mise en scène, etc.) et de caler les interventions à partir d'un conducteur. Notamment dans le cas où plusieurs orateurs doivent prendre la parole.

Parfaire la mécanique oratoire

Lorsque nous parlons, l'air issu des poumons met en vibration nos cordes vocales (production des sons voyelles) tandis que les modifications du canal vocal, qui va de la glotte aux lèvres, « moulent » les sons consonnes (consonne signifie « qui sonne avec »).

Un travail préparatoire sur la mécanique oratoire portera donc sur trois niveaux : la respiration, le placement de la voix et l'articulation.

Agnès a le trac…

Agnès a passé plusieurs mois en Inde où elle a réalisé un film documentaire. À son retour en France, un organisme spécialisé lui confie un cycle de conférences-débats pour présenter publiquement son travail. Elle témoigne :

« Je n'ai pas l'habitude d'intervenir devant quatre-vingts ou cent personnes. Ça me donne un trac terrible. Ma respiration reste bloquée en haut de la poitrine et j'ai du mal à reprendre mon souffle. Très souvent, les gens me demandent de répéter ce que je viens de dire. Ça me déstabilise et je décroche : j'oublie complètement ce que j'ai dit la minute précédente. »

➡ **Analyse**

Cet exemple met l'accent sur différents problèmes liés, en partie, à l'activité respiratoire : persistance du trac, mots avalés, souffle court, difficultés articulatoires, décrochages, etc.

Une respiration efficace permettrait à Agnès de :

– lancer sa voix et d'en utiliser toutes les ressources ;

– trouver le calme émotionnel et de se détendre physiquement ;

– maintenir une bonne oxygénation de son cerveau et éviter les trous de mémoire.

Bien respirer

Il s'agit de retrouver, en public, le rythme de votre respiration calme : celle que vous adoptez naturellement lorsque vous parlez entre amis à la terrasse d'un café. Mais cette fois de façon consciente, tout au moins dans un premier temps… La respiration calme est abdominale. En vous efforçant de la maîtriser, en l'amplifiant si nécessaire, vous procurez à votre voix un « moteur » de forte cylindrée, tout en trouvant un équilibre physique, intellectuel et émotionnel.

Exercice : Trouver le rythme de sa respiration calme

Allongez-vous confortablement dans un endroit à l'écart du bruit et plongez-vous dans un état de décontraction totale (pensez à un paysage agréable, une cascade en montagne, une forêt…).

Inspirez lentement par le nez, sans hausser les épaules, et laissez le diaphragme descendre naturellement vers l'abdomen sans forcer le mouvement. Expirez ensuite calmement et laissez vos muscles intercostaux se décontracter progressivement.

Comptez votre nombre de cycles inspiration/expiration. Le rythme moyen est de l'ordre de 14 à 18 par minute.

Efforcez-vous d'intégrer mentalement ce rythme.

La respiration complète

Elle procure un état d'éveil, de bien-être et de détente et permet de tempérer les effets dus au trac. Vous pouvez pratiquer la respiration complète, assis dans votre voiture, avant d'arriver sur les lieux de l'intervention.

Exercice : La respiration complète

1. Faites une expiration forcée.
2. Bouche fermée, inspirez lentement par le nez en commençant par gonfler le ventre : le diaphragme descend vers l'abdomen.
3. Le volume d'air gagne progressivement le haut du thorax, les côtes sont repoussées vers l'extérieur.
4. Conservez ce volume d'air pendant quelques secondes en bloquant votre respiration.
5. Expirez calmement par la bouche. En bout de course, contractez le ventre pour évacuer correctement l'air complémentaire.
6. Recommencez le cycle.

L'expiration

Exercice : Contrôle de l'expiration

Voici les trois premières strophes du *Bateau ivre*, de Rimbaud. Installez une respiration abdominale profonde. Inspirez largement et entraînez-vous à dire le plus grand nombre d'alexandrins possible sans reprendre votre souffle. Ne précipitez pas le débit. Il n'est pas impossible qu'avec de l'entraînement vous arriviez à bout des trois strophes !

Comme je descendais des Fleuves impassibles,
Je ne me sentis plus guidé par les haleurs :
Des Peaux-Rouges criards les avaient pris pour cibles
Les ayant cloués nus aux poteaux de couleurs.

J'étais insoucieux de tous les équipages,
Porteur de blés flamands ou de cotons anglais.
Quand avec mes haleurs ont fini ces tapages
Les Fleuves m'ont laissé descendre où je voulais.

Dans les clapotements furieux des marées,
Moi, l'autre hiver, plus sourd que les cerveaux d'enfants,
Je courus ! Et les Péninsules démarrées
N'ont pas subi tohus-bohus plus triomphants.

Placer sa voix

Par sa musique, votre voix dispose d'un très fort pouvoir émotionnel. Elle met votre parole en relief. Elle traduit vos sentiments et marque votre engagement et votre conviction. À condition que vous ne débitiez pas votre texte sur un ton monocorde la mine inquiète et le regard torve… Vos auditeurs ne se souviendront sans doute pas de la totalité de ce que vous aurez dit, mais ils retiendront à coup sûr la façon dont vous l'avez dit.

Exercice : Le placement de la voix

1. Mettez-vous debout, les jambes un peu écartées, les épaules tombantes, et les bras le long du corps. La tête doit être dans le prolongement de la colonne vertébrale et le regard à l'horizontale.
2. Installez cinq ou six cycles de respiration abdominale.

3. Tout en continuant à respirer de cette manière, chantez le son [a] en commençant bien en gorge, au niveau du pharynx, puis remontez vers la voûte du palais, sans nasaliser. Ne vous contractez pas. À cet endroit de la cavité buccale, choisissez la tonalité qui vous convient le mieux. Celle qui vous paraît la plus sonore. Essayez quand vous parlez de ne pas trop vous écarter de celle-ci : c'est votre registre de référence.

4. Entraînez-vous à dire un texte en gardant bien cette tonalité moyenne. En public, elle vous permettra de libérer votre voix sans la fatiguer.

Travailler sa voix

Il existe de multiples façons de travailler sa voix. Les quelques conseils suivants vous permettront d'améliorer vos interventions

---

À VOUS DE JOUER !

- Évitez de tousser avant de parler. Votre voix s'éclaircira d'elle-même si vous respirez correctement avant de la lancer.
- Accentuez les termes importants et les fins de mots. N'allongez pas les débuts de mots.
- Si vous avez un accent régional, ne cherchez pas à tout prix à vous en débarrasser – il a un petit côté sympathique qui n'échappera à personne –, mais veillez à ce que vos propos restent intelligibles pour vos interlocuteurs.
- La voix a naturellement tendance à monter ; à chaque pause, attaquez un peu plus grave pour éviter de vous fatiguer.
- Aimez votre voix.

Articuler

Si vous articulez comme si vous aviez les maxillaires, la langue et les lèvres figés, il est clair que vos auditeurs ne saisiront que des bribes de

111

message. Autant dire rien du tout ! Ils auront, de surcroît, l'impression parfaitement légitime que si vous ne faites pas l'effort de prononcer correctement, c'est que vous n'avez pas grand-chose à dire.

À VOUS DE JOUER !

- Ouvrez la bouche en parlant, sans contracter les maxillaires.
- Insistez légèrement sur les syllabes longues (avec les sons [on], [ou], [ai]).
- Remuez les lèvres pour gagner en justesse.
- Insistez sur les mouvements de la langue contre les dents et le palais.
- Méfiez-vous des liaisons « mal-t-à-propos », des *h* aspirés et des *e* muets.
- N'accentuez pas exagérément les expressions de votre visage.

Exercices : Travailler sa diction

1. À l'instar de Démosthène qui travaillait sa diction en parlant avec des petits galets dans la bouche, faites une lecture du *Bateau ivre*, de Rimbaud (voir exercice p. 110) en bloquant un crayon entre vos canines et vos prémolaires, perpendiculairement à l'axe de la dentition. Faites en sorte de forcer l'articulation de la langue et des lèvres pour que le texte soit intelligible.

2. Entraînez-vous ensuite à dire ces phrases de manière intelligible.
– *Tes laitues naissent-elles ? Oui, mes laitues naissent. Si tes laitues naissent, mes laitues naîtront.*
– *Si six scies scient six cyprès ; six cent six scies scient six cent six cyprès.*
– *Tatou, ton thé t'a-t-il ôté ta toux ? Oui, mon thé m'a ôté ma toux. Si ton thé t'a ôté ta toux, Tatou, mon thé m'ôtera ma toux.*
– *Je veux et j'exige que tu cisailles aux ciseaux ces six œufs.*
– *Quand grand gros dragon gras se gargarise au grain gris, tous les grands gros dragons gras se gargarisent au grain gris.*

– Luxe exquis, le fisc fixe exprès ces taxes masquées à l'index.
– Ton dodu dindon t'a donné, dit-on, dix dindonneaux doués d'un doux don.
– Ballots, l'avez-vous vu le beau vélo du veau velu ?
– Petit pot de beurre, quand te dépetit-pot-de-beurreriseras-tu ? Je me dé-petit-pot-debeurreriserai quand tous les petits pots de beurre se seront dépetit-pot-debeurrerisés.

N'OUBLIEZ PAS !

▦ Une bonne articulation donne de la netteté et de la lumière à votre visage : lui aussi se met à vivre et à parler. Les mouvements de vos lèvres et de vos muscles faciaux accompagnent votre discours et le coproduisent.

🖋 **Exercice : Évaluer sa voix**

Enregistrez l'une de vos interventions et procédez à l'évaluation suivante.

Placement de la voix	Trop en gorge.	Nasal.	Satisfaisant.	
Articulation	Insuffisante.	Excessive.	Claire et nette.	
Volume	Invariable.	Inadapté au contexte (trop ou pas assez fort).	Adapté.	
Débit	Trop lent.	Trop rapide.	Correct.	
Ton	Scolaire.	Monocorde.	Varié.	
Accentuation	Peu perceptible.	Exagérée.	Satisfaisante, avec finales soutenues et allongement des syllabes longues.	
Pauses	Pas de pauses.	Pauses trop longues ou trop courtes.	Pauses mettant bien le discours en relief.	

113

Reprises de souffle	Mal placées.	Fréquentes.	Non perceptibles.	
Tics verbaux (euh... je veux dire... n'est-ce-pas ? hein... bon, etc.)	Assez fréquents.	Rares.	Inexistants.	

Si vous avez noté de nombreux items dans les deux premières colonnes, reprenez de temps à autre cet exercice, en essayant d'améliorer votre expression. Vous pouvez également mettre à contribution vos proches ou vos amis qui vous donneront leurs impressions personnelles sur la question.

N'OUBLIEZ PAS !

D'une manière générale, plus le groupe est important ou éloigné de vous, plus vous devrez forcer sur le volume de votre voix, sur votre gestuelle et sur votre articulation. Renforcez également l'articulation lorsque vous êtes tenu à un débit rapide.

Dépasser les blocages psychologiques

Peur du groupe, de l'inconnu, crainte du jugement d'autrui, refus de laisser paraître ses émotions, difficulté à comprendre les autres, timidité, sentiment de ne pas faire le poids, de ne pas être à la hauteur... Ces obstacles à l'expression de votre personnalité sont les marqueurs d'un construit culturel lié à votre éducation, à vos expériences, à votre histoire personnelle et à vos valeurs affectives profondes.

Devez-vous pour autant vous en accommoder ? Bien sûr que non ! Ce serait considérer que l'individu est mis en boîte de façon définitive ; et que, dans une situation donnée, son attitude sera toujours la même parce qu'il ne connaît que cette forme de conduite en réponse.

Se débarrasser des messages négatifs

Un psychologue du comportement, Taibi Kalher, a fait apparaître les cinq messages les plus fréquents que nous nous adressons à nous-même ou que nous envoyons aux autres. Ils influencent notre état émotionnel et déterminent la nature de la relation que nous entretenons avec un individu ou un groupe. Lorsque nous utilisons de façon quasi systématique ces mots d'ordre négatifs, ils deviennent des contraintes qui déforment notre vision de la réalité.

La maladie	Les symptômes	Les remèdes
Dépêche-toi !	Je ne vais pas pouvoir terminer. Je dois faire vite. J'ai l'impression de perdre mon temps. Je dois accélérer le rythme.	Je prends mon temps pour me faire comprendre. Je fais des pauses pour percevoir le climat du groupe.
Sois fort !	Il faut que je leur montre que je suis un battant, que j'ai une parfaite maîtrise de mon sujet. Je ne dois pas montrer mes émotions.	Je ne cherche pas à « en imposer ». J'évite de vouloir à tout prix asseoir mon autorité. J'accepte mes émotions.
Fais des efforts !	La réussite se gagne à la force du poignet. Je serre les dents. J'essaie de me dépasser. Je dois y arriver !	Je place la barre à ma hauteur. Je décompresse de temps en temps. J'éprouve du plaisir dans ce que je fais.
Sois parfait !	Personne ne doit pouvoir trouver quelque chose à redire ! Je ne laisse aucune place au hasard. J'ai tout prévu dans les moindres détails.	Pourquoi cette obsession d'être irréprochable ? La perfection n'existe pas. Je fais aussi confiance à mon intuition. Je prends en compte la réalité.
Fais-moi plaisir !	J'ai besoin qu'on m'aime. Je veux plaire aux autres. Je veux que tout le monde soit content de moi. Je gomme les conflits.	On ne peut pas plaire à tout le monde. Je suis d'abord en accord avec mes idées et mes convictions. Les conflits peuvent aussi être positifs.

Lorsque vous intervenez dans un groupe, si vous êtes en permanence sous l'emprise d'une ou plusieurs de ces injonctions, votre tâche sera plus difficile parce que vous aurez naturellement tendance à ne sélectionner que les faits ou les comportements qui viennent justifier vos craintes. D'où un effet de renforcement du processus.

L'école, ainsi que l'éducation que vous avez reçue de vos parents, ont une part de responsabilité dans d'éventuels blocages psychologiques : nombreux sont ceux qui ont intériorisé l'ordre, la peur du ridicule, la crainte d'être jugé, les rituels défensifs, la soumission et la docilité. Du reste, la culture est à l'origine de nombreux interdits ou mises en garde concernant la parole : on lève le doigt pour s'exprimer ; on doit tourner sept fois sa langue dans sa bouche avant de parler ; il faut bien peser ses mots et ne pas dire n'importe quoi !

Mais, dans le même temps, on coupe le robinet des émotions – la seule émotion autorisée étant peut-être la culpabilité...

À VOUS DE JOUER !

- Apprenez à mieux vous connaître. Vous accéderez plus facilement à vos ressources mentales. Celles-ci vous permettront de prendre conscience qu'il n'existe pas une mais plusieurs réponses possibles à une situation qui pose problème.
- Acceptez vos émotions. Elles font partie de vous-même et de votre histoire.
- Contrebalancez les messages négatifs en leur opposant leurs homologues positifs.

> ▸ ─────────────────────────────
>
> ▪ L'être humain a naturellement tendance à ne retenir que les expériences désagréables. Mais n'avez-vous essuyé que des échecs ? Faites un effort de mémoire pour accéder à une situation dans laquelle vous avez été à l'aise. Qu'avez-vous ressenti à ce moment-là ?
> ▪ Ayez une vision positive de vos interlocuteurs.
> ▪ Soyez en accord avec vous-même et laissez libre cours à votre intuition.

Gérer le trac

Du petit stress avant-coureur (mains moites, souffle court) à la paralysie complète (prise de parole impossible, corps tétanisé, désir de fuir), il existe différents paliers dans l'appréhension d'un événement. Car l'amplitude du trac est souvent proportionnelle à l'importance que nous accordons au fait de prendre la parole devant un groupe, aux enjeux qui sont – pour nous – liés à cette action ainsi qu'à la charge affective de nos expériences antérieures.

Face à une situation vécue comme menaçante ou émotionnellement très forte, notre corps va mettre en œuvre un ensemble de réponses pour nous permettre de nous adapter à notre environnement. Le trac est donc un phénomène culturel dans ses causes, naturel dans ses effets qui peut être positif dans ses résultats suivant l'usage qui en est fait.

Équilibre

⇩

Perturbation
(situation ressentie comme un danger)

⇩

Décharge d'adrénaline
(provoquée par l'hypothalamus)

⇩

Effets
– stimulation du système d'éveil ;
– accélération des rythmes cardiaque et respiratoire ;
– respiration en haut du thorax ;
– réactions nerveuses et musculaires ;
– transpiration (le corps élimine les toxines) ;
– modifications métaboliques.

⇩

Passage à l'action

⇩

Nouvel équilibre

Le mécanisme du stress

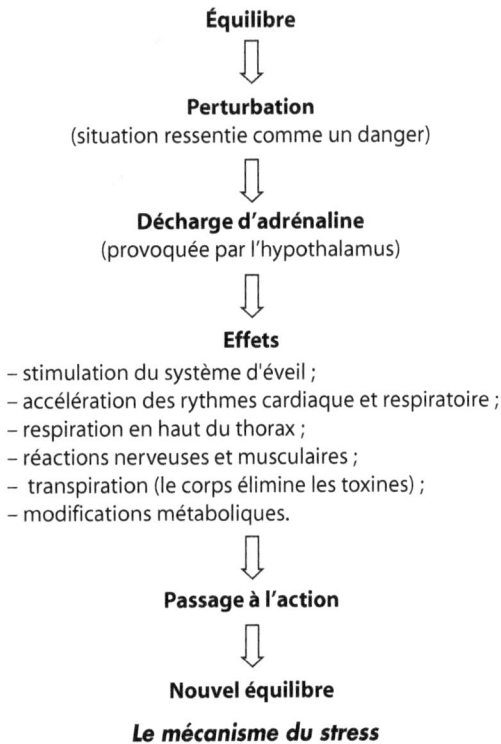

UNE MÉTHODE EFFICACE : L'HYPOVENTILATION

Cette technique qui consiste à stimuler le système nerveux parasympathique en abaissant ses rythmes respiratoire et cardiaque donne des résultats étonnants pour un entraînement somme toute peu contraignant. Le ralentissement du rythme respiratoire procure un état de calme émotionnel qui va vous permettre de réduire les effets du stress et de garder les idées claires.

> **Principe :**
> - Videz vos poumons et inspirez une très faible quantité d'air.
> - Gardez ce volume pendant un court instant puis expirez.
> - Imaginez un ballon pratiquement dégonflé dans lequel on insufflerait un peu d'air. Cet air ressort doucement, sans contrainte. L'important est de réaliser cet exercice sans forcer et de laisser le rythme respiratoire s'installer naturellement.
>
> Reproduisez le cycle plusieurs fois et vérifiez l'efficacité de votre travail en contrôlant votre pouls. Votre fréquence cardiaque doit diminuer puis se stabiliser à mesure que vous prolongez cet exercice. Utilisez cette méthode quelques minutes, plusieurs fois par jour, d'abord en situation non stressante puis lorsque vous subirez un stress.

On a coutume de dire qu'il faut lutter contre le trac. La démarche n'est pourtant pas à conseiller. Comprendre son trac, l'accepter mais ne pas en faire une montagne est sans doute une solution plus satisfaisante.

Le passage à l'acte, c'est-à-dire l'utilisation positive de l'énergie mise en œuvre par notre organisme pour réguler notre équilibre interne, n'est pas la seule forme de réponse à une situation vécue comme stressante. Il existe des échappatoires, des systèmes de défense qui sont rarement compatibles avec une communication saine.

Les systèmes de défense

Le stress est une réaction naturelle de l'organisme destinée à nous préparer à passer à l'action. Mais face à des situations qui nous paraissent impossibles à affronter et bien qu'il nous arrive de nous faire violence, nous disposons d'autres systèmes de défense dont les effets sont parfois désastreux.

La fuite

C'est la stratégie du « laisser tomber », avec toute sa cohorte de maladies psychosomatiques. Il s'agit d'annuler ou de remettre à plus tard la rencontre parce que la peur du groupe est telle qu'on se sent l'âme d'un démissionnaire.

L'agression ou le mépris

Prendre les autres de haut et les agresser de peur de l'être soi-même répond dans la plupart des cas à une angoisse ou à un sentiment de danger imminent. Le ton de la communication est affiché d'emblée : l'échange n'est pas à l'ordre du jour.

Le refoulement

C'est le syndrome : « J'y vais, mais faites comme si je n'étais pas là. Je ne fais que passer. » Ce comportement conduit à la dévalorisation de soi et au manque de conviction.

Quelles solutions adopter ? Si l'on part du principe que chaque individu est un être unique, on serait tenté de dire qu'il n'y a pas de solutions universelles. Il vous appartient de trouver en vous-même les ressources qui vous permettront d'agir d'intelligence avec votre difficulté. Toutefois, les indications suivantes pourront vous apporter quelques pistes utiles.

À VOUS DE JOUER !

- Évitez de considérer que le trac est votre pire ennemi. Tout au contraire, utilisez cette énergie comme un atout maître.
- Identifiez quelles sont les causes probables de votre trac et parlez-en avec des amis. Comment vivent-ils la chose, que ressentent-ils, que font-ils pour s'en accommoder ?
- Dédramatisez la situation : qu'avez-vous à perdre et à gagner dans votre intervention ? Vos attentes et votre investissement personnel ne sont-ils pas démesurés au regard de cette intervention ?
- Préparez-vous correctement.
- Méfiez-vous des interprétations et des *a priori* négatifs. Ce mode d'anticipation ne fait qu'amplifier votre trac. Voyez plutôt les choses du bon côté...
- Apprenez à respirer.
- Faites du sport, de la marche et pratiquez des exercices de relaxation (sophrologie, tai-chi, yoga, training autogène[1], etc.) et de visualisation positive.
- Laissez libre cours à votre créativité grâce au théâtre, au dessin, à la peinture. Notre culture occidentale fondée sur la rationalité formelle et l'abstraction nous a coupés de notre imaginaire. Et si on lui consacrait un peu de temps ?

---

1. Méthode de relaxation par autosuggestion inventée par le Dr SCHULTZ et qui agit comme un antistress.

Chapitre 6

C'est à vous !

Entrer en scène

« C'est la première impression qui compte ! » Qui n'a jamais entendu cette remarque, certes un peu tranchée, mais somme toute assez juste ? Les premières minutes de contact avec le groupe revêtent en effet une importance toute particulière pour l'animateur.

Jean-Pierre ne passionne pas ses étudiants...

Jean-Pierre est cadre supérieur. Il participe, pour le compte de sa société, à un cycle de conférences dans une école supérieure de commerce. Parce qu'il envisage avec crainte ce type d'intervention, Jean-Pierre se rend le plus tard possible sur les lieux. Avant de monter à la tribune, il blague pendant quelques minutes avec un petit groupe d'étudiants, « histoire de se rassurer ! ».

Une fois en scène, Jean-Pierre attaque immédiatement la lecture de son exposé de façon assez plate, les pieds rivés au sol, la main gauche dans la poche de son pantalon, la droite maintenant les feuillets rédigés par sa collaboratrice. De temps à autre, Jean-Pierre quitte ses documents du regard pour survoler la salle d'un rapide coup d'œil. Par politesse, les étudiants attendent la fin de la conférence de façon passive ; mais une évaluation, conduite ultérieurement par un enseignant, montrera de façon très nette que le message n'est pas passé.

➡ Analyse

Il est d'usage de prétendre que, dans un échange, les dix premières secondes de la rencontre permettent d'avoir une représentation très claire de la personne qu'on

123

a en face de soi. Au cours des cinq minutes qui suivent, nous affinons cette perception pour construire une image quasi définitive de l'autre. L'entrée en scène et la prise de contact avec le collectif sont donc des moments clés qui peuvent s'avérer déterminants pour la suite de l'interaction.

Dans l'exemple ci-dessus, Jean-Pierre n'a pas su accrocher son public de manière satisfaisante parce qu'il n'a pas respecté trois lois essentielles de la théâtralité.

Loi n° 1 : Assumer un rôle

Un rôle, c'est une façon d'être et de penser, dans un contexte précis et en fonction des personnes avec lesquelles a lieu l'interaction. Le stock de rôles d'un individu est limité parce qu'il est difficile d'intégrer de nouveaux comportements.

Prendre la parole dans un groupe, quelle que soit la nature de l'intervention ou le mode d'animation, c'est assumer un rôle : celui qui vous est assigné par les attentes – souvent inconscientes – de votre public et par votre légitimité sociale. Accepter ce rôle, c'est consentir à mettre en scène un certain nombre de comportements associés à ces attentes. Il ne semble pas que Jean-Pierre ait suffisamment conscience de cet engagement social.

Loi n° 2 : Donner corps à son personnage

En outre, se présenter face au groupe suppose une interprétation qui puisse donner corps à votre personnage. Celui-ci adopte des conduites appropriées à la situation mais il n'est « ni tout à fait vous-même ni tout à fait un autre ». En d'autres termes, le rôle que vous prenez en public ne doit pas être superposable à celui que vous adoptez, par exemple, dans votre vie privée. Notez que le fait d'ajouter des rôles à votre « stock » ne remet pas votre personnalité en question. Tout au contraire, il vous permet de l'exprimer plus librement et d'acquérir davantage de flexibilité.

Loi n° 3 : Respecter la loi de la rampe

Avant de monter à la tribune, Jean-Pierre discute avec un petit groupe d'étudiants. Ce faisant, il néglige une troisième loi scénique : la nécessité de respecter les territoires pour instaurer une coupure entre le public et la scène. Cette distance relationnelle est indispensable pour que la communication soit possible. Au théâtre, on appelle cela la loi de la rampe.

Dans l'exemple précédent, Jean-Pierre arrive au dernier moment sur les lieux de l'intervention. Cette pratique est à déconseiller parce qu'elle ne permet pas de se mettre correctement à pied d'œuvre. Et, contrairement à certaines idées reçues, repousser l'échéance jusqu'à son terme ultime amplifie le trac de manière importante. Il est préférable pour l'orateur « d'être dans le bain » bien avant le début de l'intervention pour régler les différents problèmes techniques et se préparer psychologiquement.

À VOUS DE JOUER !

- Comme au théâtre, prendre la parole devant une assemblée, c'est jouer un rôle.
- Ce rôle ne doit pas être en complet déphasage avec les attentes de votre public.
- Mettez en scène votre personnage sans emphase mais avec authenticité.
- Respectez la loi de la rampe : dans certains dispositifs, vouloir à tout prix réduire la distance qui vous sépare du public peut engager la communication dans une mauvaise voie.
- Arrivez vingt minutes en avance :
  – Prenez contact avec les lieux, l'espace.
  – Préparez vos visuels (transparents, tableaux, diapositives).

> ● Le cas échéant, ordonnez les documents à distribuer sur une table.
> ● Prévoyez un verre et une carafe d'eau.
> ● Faites un essai de voix pour tester la sonorité de la salle.
> ● En coulisse : relisez rapidement vos notes, respirez profondément, faites quelques pas pour vous détendre.

Séduire son public

La manière d'être

Dans la communication interpersonnelle, ce que vous dites est entièrement subordonné à la façon dont vous le dites. La relation devance le contenu. Cela signifie qu'avant d'être compris, vous êtes soumis au regard des autres. Ils entendent la présence de votre voix, sa couleur, sa densité. Ils sont sensibles à vos silences et vous perçoivent émotionnellement. Autrement dit, la communication est d'abord sensible et affective avant d'être fonctionnelle. Votre apparence physique et vestimentaire, votre façon d'être et de vous comporter, vos gestes et vos regards sont donc d'une importance primordiale pour créer le rapport avec le groupe. Créer le rapport signifie : attirer l'attention du groupe, susciter l'intérêt et la compréhension et obtenir, pour vous-même, un certain respect de la part de vos auditeurs.

L'importance du non-verbal

Le graphique ci-dessous est tiré des recherches d'A. Mehrabian[1]. Il montre que, dans un discours destiné à convaincre des individus, la communication non verbale (la voix, les regards, les mimiques, la

---

1. *Silent Messages : Implicit Communication of Emotions and Attitudes*, Belmont-Californie, Wadsworth, 1981.

gestuelle) représente 93 % de la communication, tandis que le sens littéral des mots (le contenu informatif pur) ne compte que pour 7 %.

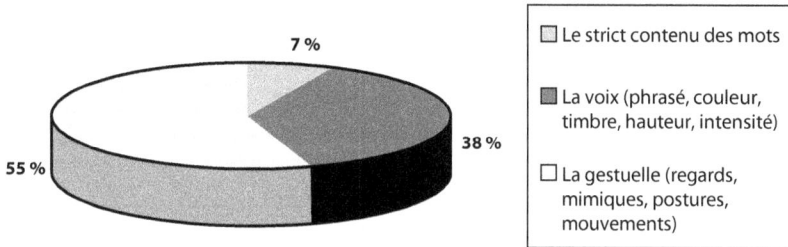

7 %

55 %

38 %

☐ Le strict contenu des mots

■ La voix (phrasé, couleur, timbre, hauteur, intensité)

☐ La gestuelle (regards, mimiques, postures, mouvements)

Il faut bien sûr prendre du recul par rapport à ces données qui sont liées à une situation, à un contexte et aux intentions du chercheur. Retenez cependant une chose : dans toute communication, il ne suffit pas d'avoir un objectif et des idées à faire passer, le préalable relationnel est déterminant.

L'effet docteur Fox

L'expérience suivante a été conduite par des psychologues sociaux, au début des années 1970, aux États-Unis. Un comédien habillé de façon distinguée, « le docteur Fox », est présenté comme un spécialiste reconnu de « la théorie mathématique des jeux et son application à la formation des médecins » à un public d'une cinquantaine de personnes composé de spécialistes, d'éducateurs, de travailleurs sociaux, de psychologues et de psychiatres, d'étudiants de troisième cycle. À trois reprises, le docteur Fox prononce une conférence d'une heure, suivie d'un débat d'une demi-heure devant ces personnes. Son discours est inintelligible, cousu de concepts ineptes et de contradictions, de termes creux ou jargonnesques, de fausses références en apparence savantes. En réalité, l'acteur n'a aucune compétence dans le domaine traité. Il se contente de réciter un texte appris par cœur. Mais il le fait avec autorité, chaleur, vivacité et conviction, n'hésitant pas à utiliser l'humour dans ses propos.

Un questionnaire d'évaluation est ensuite proposé aux auditeurs pour connaître leur opinion sur l'exposé qu'ils viennent d'entendre. Aucun d'entre eux n'a flairé le canular. Tous ont trouvé la conférence de Fox convaincante, claire et stimulante.

Quelles remarques pouvons-nous tirer de cette expérience ? La première est qu'un propos, même incompréhensible, est reconnu comme intelligible lorsqu'il est tenu par une personne légitime, que cette légitimité soit réelle ou usurpée. La deuxième remarque est qu'un discours, en apparence savant, paraît plus crédible qu'un discours simple ou élémentaire. Les grands mots sont parfois de grands remèdes ! Utiliser un vocabulaire spécialisé, intellectuel, technique ou scientifique est naturellement indispensable, mais de préférence lorsque les participants partagent le même degré d'expertise. Lorsque vous vous adressez à des non-initiés, vous ferez certes excellente impression en utilisant un vocabulaire pompeux, mais vous ne transmettrez aucun message, si ce n'est votre intention manipulatoire. Cependant, lorsque l'emploi d'un terme technique est inévitable parce qu'il renvoie à un objet ou à un savoir réels, il est souhaitable de le traduire en termes compréhensibles ou imagés pour vos interlocuteurs. La troisième remarque est que la relation prime sur le contenu, la forme sur le fond, en d'autres termes, vous êtes vu et entendu avant d'être compris.

Exercice : Code du discours universel

Ce gag publié dans la *Gazette de Varsovie*[1], en 1981, est l'œuvre d'un groupe d'étudiants facétieux qui souhaitaient dénoncer la langue de bois officielle du régime communiste. Le mode d'emploi est le suivant : commencez par lire la première case de la première colonne puis passez à n'importe quelle case de la colonne II, puis de la colonne III, et enfin de la IV. Revenez ensuite à n'importe quelle case de la colonne I, puis II, III, IV et poursuivez. L'exercice offre 10^4, soit 10 000 combinaisons qui devraient vous permettre de parler pendant des heures. Ces phrases sont naturellement vides de sens. Mais elles vont vous permettre de travailler la partie non verbale de votre communication, votre voix, votre gestuelle, votre posture. Un conseil toutefois : cet entraînement est destiné à vous

---

1. Publié dans le journal *Libération*, 4 juillet 1981, p. 17.

C'EST À VOUS !

aider à faire passer de vrais messages, clairs, et à communiquer de façon honnête, pas à jargonner ou à manipuler votre auditoire.

I	II	III	IV
Chers collègues	la réalisation des devoirs du programme	nous oblige à l'analyse	des conditions financières et administratives existantes
D'autre part	la complexité et le lieu des études des cadres	accomplit un rôle essentiel dans la formation	des directions de développement pour l'avenir
De même	l'augmentation constante de quantité et d'étendue de notre activité	nécessite la précision et la détermination	du système de la participation générale
Cependant, n'oublions pas que	la structure actuelle de l'organisation	aide à la préparation et à la réalisation	des attitudes des membres des organisations envers leurs devoirs
Ainsi	le nouveau modèle de l'activité de l'organisation	garantit la participation d'un groupe important dans la formation	des nouvelles propositions
La pratique de la vie quotidienne prouve que	le développement continu des diverses formes d'activité	remplit des devoirs importants dans la détermination	des directions d'éducation dans le sens du progrès
Il n'est pas indispensable d'argumenter largement le poids et la signification de ces problèmes car	la garantie constante de notre activité d'information et de propagande	permet davantage la création	du système de formation des cadres qui correspond aux besoins
Les expériences riches et diverses	le renforcement et le développement des structures	entrave l'appréciation de l'importance	des conditions d'activités appropriées
Le souci de l'organisation, mais surtout	la consultation des nombreux militants	présente un essai important de vérification	du modèle de développement
Les principes supérieurs idéologiques, mais aussi	le commencement de l'action générale de formation des attitudes	entraîne le procès de restructuration et de modernisation	des formes d'action

© Groupe Eyrolles

129

À VOUS DE JOUER !

▪ Pour créer les conditions d'une communication de qualité avec votre public, faites preuve d'enthousiasme et de sincérité.

▪ Proscrivez les attaques personnelles, les sous-entendus et tout ce qui peut être perçu comme un repli sur soi, une marque d'agressivité ou une tentative manipulatoire.

▪ Soyez assertif. Affirmez clairement et calmement votre point de vue en défendant votre position tout en respectant celle des autres.

▪ Ne perdez pas le contact avec votre public.

En harmonie avec le groupe

Le tableau suivant vous aidera à établir un rapport harmonieux avec le groupe.

À faire	À éviter
S'avancer vers le public d'un pas assuré, sans chercher à « en imposer ».	Foncer tête baissée vers le public comme un taureau qui rentre dans l'arène.
Se présenter simplement si nécessaire et annoncer la durée de l'intervention et les pauses éventuelles. Commencer par une courte phrase introductive.	Démarrer l'intervention sans préavis ou se lancer dans d'interminables préambules.
Centrer la communication sur la relation et produire des émotions.	Se focaliser sur le contenu et la transmission pure et simple d'un message.
Se détendre et sourire.	Afficher un air abattu et un sourire crispé.
Jouer un rôle.	Engager son moi profond.
Prendre un certain plaisir à accrocher son public.	Se laisser aller à la passivité par conformisme ou crainte des autres.

Être cohérent

On ne peut pas dire une chose et faire ou penser son contraire sans risquer de perdre une bonne part de crédibilité aux yeux du public. Cette forme de cohérence personnelle appelée congruence[1] joue un rôle essentiel dans la communication.

Tendre vers un même objectif

Il y a cohérence – ou congruence – lorsque toutes les pièces du puzzle qui composent la personnalité d'un individu s'associent pour tendre vers un même objectif. Les messages verbaux et non verbaux, les comportements, les stratégies adoptées, mais aussi les choix vestimentaires coïncident pour créer un accord entre l'être et le paraître, entre le dire et le faire[2].

D'une manière générale, on peut considérer que plus la cohérence de l'intervenant est importante, plus la relation avec le groupe s'établira de manière satisfaisante. En revanche, si l'intervenant multiplie les discordances, la communication risque de perdre de son efficacité. Le groupe aura des difficultés à percevoir les intentions réelles de l'animateur.

Flagrants délits d'incongruences

Avant de faire son exposé, Christiane dit « je suis très heureuse d'être avec vous » d'une voix mal assurée, le corps tétanisé et les yeux rivés au sol : il y a discordance.

Au cours d'une réunion houleuse, Philippe tente de calmer les esprits mais ses gestes et ses injonctions dissimulent mal son agacement : les intentions ne sont pas en accord réel avec le comportement.

Gérard doit annoncer un plan de restructuration dans son entreprise, mais il n'est pas personnellement convaincu de la validité d'une telle opération. Au cours de

---

1. Du latin *congruus* « convenable », c'est-à-dire pertinent, adapté à une situation donnée.
2. Dans l'album *Vol 714 pour Sydney* des aventures de Tintin, Laszlo Carreidas présente une incongruence vestimentaire : il est milliardaire, mais ses vêtements sont ceux d'un vieillard indigent. Ce qui amène le capitaine Haddock à commettre une méprise...

son intervention, il se montre hésitant, revient sur ses propos et considère les questions qui lui sont posées comme des marques d'agressivité de la part de ses collègues : son discours sonne faux.

Plein d'à-propos dans la vie privée, Didier a émaillé son discours de traits d'esprit et de jeux de mots, mais il les énonce avec gravité, les traits tendus et la voix tremblante : les effets recherchés (détendre l'atmosphère) tombent à plat.

Utiliser ses deux cerveaux

En 1968, les travaux du professeur Roger Sperry, prix Nobel de médecine en 1981, ont mis en évidence des fonctions de communication bien spécifiques pour chacun des deux hémisphères de notre cerveau :

- L'hémisphère gauche serait plutôt spécialisé dans les opérations verbales, l'activité logique, l'analyse et l'abstraction. Il fonctionnerait de façon séquentielle et se rapprocherait d'un mode de communication froide davantage centré sur les contenus.

- L'hémisphère droit serait plutôt non verbal. Il fonctionnerait de manière synthétique et permettrait d'appréhender les choses dans leur globalité. Siège de l'intuition, il serait réceptif aux stimulations sensorielles et aux images. Il se rapprocherait d'un mode de communication chaude où la relation est dominante.

Être cohérent revient donc également à faire de cette ambivalence cérébrale un mariage réussi : ne pas se limiter à la rigueur logique du discours mais aussi savoir communiquer, c'est-à-dire instaurer un climat affectif propice à l'échange.

À VOUS DE JOUER !

- Essayez de déterminer clairement votre objectif.
- Efforcez-vous d'avoir une vision précise de votre personnage d'animateur pour éviter qu'il ne soit excessivement « contaminé » par les autres aspects de votre personnalité.
- Utilisez à la fois votre esprit logique (cerveau droit) et votre sens de l'intuition (cerveau gauche).
- Ne dites pas « oui » si vous pensez « non ».

S'exprimer avec aisance

L'expression « parler pour ne rien dire » n'a pas de sens : on ne parle jamais pour ne rien dire. Tous les messages, même les plus plats en apparence, ont une signification.

Communication digitale et communication analogique

Pour échanger des informations avec nos contemporains, nous utilisons un système de symboles – les mots – qui sont organisés linéairement en respectant une syntaxe. La syntaxe régit l'arrangement des mots dans le discours selon les règles propres à un langage donné. Ces symboles se réfèrent à un objet réel, à un concept ou à une idée pour créer implicitement une signification. Mais il n'y a aucun lien de ressemblance, aucun rapport de proximité entre le mot et la chose qu'il désigne : le mot *chien* ne mord pas !

Nous sommes ici dans un mode de communication **digitale.**

À l'opposé, tout ce qui relève de la communication non verbale (les gestes, les postures, les mimiques, les intonations, etc.) fonctionne sur le mode **analogique,** c'est-à-dire qu'il est possible d'établir une relation directe entre ce qui est observé et le sens à lui accorder. Et cela, quelle que soit la langue utilisée !

Écrit et oral

L'écrit et l'oral sont deux systèmes bien spécifiques.

L'écrit a tendance à fonctionner à l'économie tandis que l'oral est plus prolixe pour limiter les bruits[1] et rendre le message accessible. À l'oral, le corpus de mots utilisés est moins important qu'à l'écrit, mais les redites et les termes qui servent à lier le discours sont en revanche beaucoup plus abondants.

---

1. On appelle *bruits* tous les phénomènes qui viennent perturber, voire déformer la transmission du message.

Par ailleurs, nous l'avons vu, la communication orale est entièrement soumise aux conditions du direct : cette situation a des répercussions sur le langage utilisé dans le discours.

Voici quelques clés pour utiliser la langue orale avec efficacité.

À VOUS DE JOUER !

- Faites des phrases simples : sujet – verbe – complément.
- Utilisez des verbes d'action dont le sens est suffisamment précis. Dites, par exemple : « votre remarque soulève un point important » plutôt que « votre remarque est intéressante » ; « vous démontrez votre compétence dans ce domaine » plutôt que « vous semblez compétent ».
- Évitez les énumérations et les enchâssements (« le petit chat de la voisine dont le mari a trouvé la mort l'année passée en percutant avec sa voiture… »).
- Parlez court : vingt mots au maximum par phrase.
- Pour vos enchaînements, utilisez des mots outils : *or, donc, et, ceci étant dit,* etc.
- Évitez les tournures négatives, notre esprit se fait plus facilement une représentation d'une assertion formulée positivement.
- Utilisez des mots justes, précis et adaptés au répertoire de votre auditoire. Préférez les mots courts.
- Évitez d'employer les pronoms *on, nous* : de qui parlez-vous au juste ?
- Méfiez-vous des termes connotés qui sont imprécis ou équivoques : « nous avons dans la maison des cerveaux capables de résoudre ce casse-tête » serait avantageusement remplacé par « les ingénieurs de notre société sauront surmonter cette difficulté ».

© Groupe Eyrolles

134

- N'employez pas de mots techniques, de clichés ou d'archaïsmes.
- Exprimez-vous au présent, certains temps comme le passé simple ou le conditionnel passent mal à l'oral. L'impératif peut être utilisé pour impliquer le public.
- Préférez la voix active (« la maman berce le bébé ») à la voix passive (« le bébé est bercé par la maman »).
- Réduisez l'emploi des opérateurs modaux : *il faut..., on ne peut pas..., on devrait...* qui limitent l'action ou ferment le discours sur des obligations.
- Le superlatif relatif (« ce choix est le meilleur, c'est le moins intéressant »), le superlatif absolu (« il est très agréable ») et le comparatif utilisé sans référence (« il est plus judicieux d'agir ainsi ») sont également à éviter dans la mesure où ils laissent de côté l'un des termes de la proposition.

Les éléments prosodiques

De la même manière que l'écrit dispose de la ponctuation pour donner du relief au texte, le discours oral est « mis en musique » par des éléments prosodiques[1] : le débit et l'intonation.

Le débit

C'est la vitesse à laquelle nous parlons (entre 130 et 160 mots par minute). Pour expliquer un point clé, ralentissez le débit ; pour lancer une nouvelle idée, accélérez-le. Méfiez-vous des débits réguliers trop

---

1. À noter : les éléments prosodiques sont la bête noire des systèmes de traduction automatique.

lents (soporifiques) ou trop rapides (exaspérants). Et n'oubliez pas que la monotonie est l'ennemi principal de la communication.

Faites des pauses : pour évaluer l'impact de vos paroles sur l'auditoire, pour souligner une idée ou un mot importants, pour relancer l'attention ou pour faire réagir le public. Les pauses sont comme les marges d'une lettre ou les sauts de paragraphe d'un texte : elles favorisent la compréhension du discours sans le diluer.

Exercice : Lecture mécanique

Lisez le texte suivant[1], mécaniquement, de la façon la plus plate possible. Enregistrez-vous et réécoutez la bande. Que constatez-vous ?

« Devant ce cercueil où gît froid insensible désormais le plus grand des nôtres nous avons le devoir de dire de clamer avec force qu'entre lui et nous classe ouvrière il n'y eut jamais de barrière on a pu croire que nous avions été les adversaires de Jaurès ah comme on s'est trompé oui c'est vrai entre nous et lui il y eut quelques divergences de tactique mais ces divergences n'étaient pour ainsi dire qu'à fleur d'âmes. »

L'intonation

Adaptez le ton à la circonstance : on ne pose pas une question sur le ton de l'affirmation, on n'utilise pas un ton péremptoire pour recueillir des informations. Prenez garde aux intonations trop travaillées ou scolaires.

Variez le niveau sonore : montez pour affirmer quelque chose, descendez pour faire une confidence, mobiliser l'attention ou intervenir dans un registre plus affectif. Utilisez également les nuances vocales : aigus (résonance au niveau du front), médiums (résonance buccale) et graves (résonance du pharynx).

---

1. Extrait du discours de L. JOUHAUX, Paris, Publication Sociale, 1915.

Être attentif à la communication non verbale

Contrôler gestes, regards et mimiques

S'il est possible de faire des exercices respiratoires, de travailler sa voix, son articulation et de prévoir l'organisation de l'intervention, il est en revanche plus difficile de contrôler ses gestes, son regard et ses mimiques. Pourquoi ? Parce qu'ils sont très fortement dépendants du contexte, de la situation d'énonciation et qu'ils ont tendance à en dire beaucoup plus sur nous-mêmes que nous ne le souhaitons ou ne l'imaginons.

Bénédicte est mal à l'aise...

Bénédicte présente les activités de son association à vocation sociale à un groupe d'une trentaine de personnes, composé de journalistes, de partenaires publics et de représentants de fonds privés. Elle se tient immobile au fond de la scène du théâtre municipal, la jambe droite enroulant la jambe gauche, la tête rentrée dans les épaules et le regard fixé sur la directrice du centre social qu'elle connaît bien. De temps à autre, Bénédicte effectue de petits gestes de la main droite, comme si elle cherchait à se ventiler le visage. Elle ne pense qu'à une chose : en finir au plus vite !

→ Analyse

Dans cet exemple, Bénédicte se sent mal à l'aise. Sa communication non verbale l'atteste. Sa posture indique un repli sur soi ; elle éprouve des difficultés à regarder son public en face et se tient à bonne distance de celui-ci. De plus, elle réprime ses gestes pour contenir son émotion.

Les postures conseillées

Debout

• Implantez-vous bien solidement au sol, sans rigidité, les pieds légèrement écartés en V. Pour éviter la fatigue et les déséquilibres, abaissez votre centre de gravité en laissant descendre les épaules (bras le long du corps) et placez le bassin dans l'alignement du corps. Le centre de gravité de l'être humain se situe au milieu de l'abdomen, entre le nombril et la ceinture pelvienne. En théorie, pour assurer notre stabilité, ce point devrait se projeter au milieu de notre polygone de sustentation, soit entre les deux pieds, un peu en avant des chevilles.

- Redressez la tête (le regard doit être à l'horizontale) et développez la poitrine vers l'avant pour utiliser au maximum vos capacités pulmonaires.
- Évitez les jeux de jambe d'avant en arrière et les déhanchements lorsque vous changez d'appui.
- Respirez amplement.

Assis à une table

- Installez-vous confortablement dans votre siège sans vous avachir mais sans être non plus trop raide.
- Trouvez le juste milieu entre une position trop en avant qui peut laisser croire que vous voulez en imposer et une position trop en arrière qui peut signifier que vous n'êtes pas sûr de vous, que vous hésitez à vous engager dans la relation.
- Posez vos deux mains sur la table, immobiles, sans crispation, sans enserrer le plateau. Vous éviterez – autant que possible – les gestes d'autocontact ainsi que tous les gestes qui traduisent votre nervosité. Laissez venir des gestes naturels, sincères qui accompagnent positivement votre parole.
- Évitez également les mouvements de pieds incessants, les jambes croisées, les balancements du tronc d'avant en arrière. Tous ces signes traduisent une tension intérieure : nervosité, désir de fuite, émotions refoulées, etc.
- Posez les pieds bien à plat sur le sol, les jambes légèrement écartées. Si vous êtes une femme, préférez la posture « en barre de Z », les jambes jointes formant une oblique.

La distance avec le public[1]

Distance sociale[2] (de 1,20 m à 3,60 m)

Cette distance convient bien pour les réunions ou les interventions dans des assemblées peu nombreuses. Vous n'êtes pas en contact physique avec les membres du groupe mais vous en êtes suffisamment proche pour avoir une vision assez précise de leur corps et de leurs gestes. Cette distance permet de percevoir le climat affectif et les réactions du groupe sans être trop exposé pour les individus.

Distance publique (de 3,60 m à 9 m)

Vous habitez un espace qui est votre territoire et auquel les autres n'ont pas accès. Dans ce cas, la ligne imaginaire qui vous sépare du public est plus marquée et vous devrez être davantage attentif au *feed-back*. Cette distance convient pour les groupes de taille plus importante (jusqu'à une centaine de personnes).

Distance théâtrale (au-delà de 9 m)

À cette distance, vous vous trouvez dans une situation proche de celle d'un acteur : vous devrez prendre du recul pour être visible de n'importe quel endroit de la salle et élever la voix. Veillez également à articuler plus nettement et à accentuer votre comportement de manière à renforcer la communication non verbale pour être compris de tous. Cette distance est appropriée aux très grands groupes.

Maîtriser la gestuelle

Nos gestes parlent pour nous, mais ils ne savent pas mentir ! Lorsque nous prenons la parole devant un groupe, nous sommes d'abord vus et perçus avant d'être entendus et compris. Cela signifie que nos gestes

---

1. Tiré des travaux de HALL E. T., *La Dimension cachée*, Paris, Le Seuil, 1971.
2. Ces distances sont données du premier au dernier rang de participants. Étroitement liées à votre mode de perception du groupe, elles ne représentent pas un principe intangible.

peuvent tout aussi bien accompagner harmonieusement nos messages ou les parasiter complètement.

Les gestes qui enrichissent

Ce sont tous les gestes d'ouverture, les mains tendues en avant, les sourires sincères, les attitudes corporelles calmes et détendues.

Paume ouverte vers l'auditoire :
signe d'ouverture, désir d'entrer
en relation, de communiquer.

Pouce relevé, main serrée
contre le buste : expriment
une conviction, une certitude,
un avis personnel.

Poing serré :
il traduit le désir de vaincre, de réussir.

Les gestes qui entravent

Les gestes de fermeture, de barrière, de repli sur soi, d'autocontact, les attitudes corporelles défensives, les signaux d'agitation, les regards fuyants traduisent des états émotionnels qui desservent la communication.

Geste d'autocontact :
il traduit l'inquiétude ou
la perplexité.

Geste de réajustement :
il traduit une gêne, un malaise,
une peur d'être agressé.

Geste d'autocontact avec le dos
de la main barrant la bouche :
il traduit la retenue, la colère,
l'inquiétude ou la concentration.

Mains croisées : elles expriment
un désir de se protéger,
un sentiment de vulnérabilité.

141

Les outils non verbaux d'animation

Tous les gestes qui permettent de lancer le groupe, d'interrompre un chahut, de mettre en confiance une personne timide ou de distribuer la parole constituent des outils qui viennent en appui de la parole ou s'y substituent.

Main en piston : pour faire taire un bavard ou interrompre un aparté.

Geste de la paume orienté vers le sol : volonté d'apaisement.

Manipulation des lunettes : il traduit le désir de changer de sujet, de faire une parenthèse ou d'interrompre le contact.

*Le pouce et les autres doigts
formant une pince dressée vers
le ciel : expriment un souci
de clarté, de précision ou
accompagnent une explication.*

*Main ouverte, doigts serrés
perpendiculairement au sol :
volonté de trancher,
de prendre une décision ou
de faire une transition.*

Souvent, surtout lors des premières expériences de prise de parole devant le groupe, le stress envahit l'animateur qui se trouve en proie à des gestes désordonnés ou répétitifs. L'habitude du groupe, les exercices respiratoires et l'entraînement devant la glace permettent de reprendre confiance en soi et d'animer le groupe tout en étant apaisé.

Vers un code de la gestuelle ?

Il est très problématique d'établir un code de la gestuelle et du regard sans risquer de tomber dans les stéréotypes d'autant qu'en la matière, les comportements se situent davantage au niveau du ressenti individuel. Tout au plus peut-on se risquer à faire un inventaire, dans le tableau suivant, de ce qu'il est préférable de faire ou souhaitable d'éviter.

À préférer	À éviter
Les gestes qui viennent spontanément mettre la parole en acte.	Les gestes calculés en vue de produire un effet recherché de façon consciente.
Les gestes d'ouverture qui traduisent une volonté d'aller vers les autres, de dialoguer. Bras ouverts, intérieur des mains tourné vers le public.	Une position voûtée (épaules en avant, tête inclinée), qui donne l'impression que vous portez le poids du monde, bloque votre respiration et laisse traîner votre regard au sol.
Les gestes francs qui se développent totalement, de façon ample et assurée : vous êtes sûr de vous et de ce que vous dites.	Les gestes de fermeture ou de repli sur soi qui laissent supposer que vous adoptez une stratégie défensive par crainte d'un danger. Bras croisés. Gestes d'autocontact : mains agrippées l'une à l'autre, main sur la joue, etc.
Les gestes calmes et détendus qui se déploient avec souplesse : ils mettent vos propos en lumière et maintiennent le contact avec l'auditoire.	Les gestes qui se cherchent, les gestes avortés qui montrent le doute, l'hésitation, le manque d'assurance ou de conviction.
Les gestes qui traduisent votre désir de communiquer et de créer ou de maintenir une relation saine avec vos interlocuteurs.	Les gestes d'agitation qui sont souvent associés à un port rigide des membres supérieurs (cassure aux poignets ou aux coudes) : vous n'êtes pas en confiance avec le groupe ; vous subissez une frustration ou une tension interne.
Les gestes vrais, non préparés, variés, harmonieux. Ils attestent de votre volonté d'échange et de votre plaisir à être en présence de votre auditoire.	Les gestes qui agressent votre public : évitez le doigt tendu qui indique l'injonction et tous les gestes qui signalent la remontrance, le rappel à l'ordre, la menace, l'humiliation, etc.
	Les gestes répétitifs ou stéréotypés qui marquent souvent un manque de confiance en soi ou une difficulté à respirer.

Les expressions du visage

Le plissement des yeux, le froncement des sourcils, le tremblement de votre lèvre inférieure et les différentes mimiques qui peuvent apparaître sur votre visage délivrent des informations concernant votre état émotionnel et votre réactivité.

Il est évidemment difficile d'avoir un visage détendu si l'on est paralysé par le trac et sourire sur commande n'a pas grand intérêt. Aussi le sourire « scotché », qui rappelle les publicités de certaines marques de dentifrice, est déconseillé. Sachez tout de même qu'un sourire vrai, naturel, annonce d'emblée la couleur de la communication et libère vos auditeurs de leurs tensions : vous faites preuve d'ouverture, de bienveillance et vous êtes dans de bonnes dispositions pour établir le rapport avec le groupe.

Le regard joue également un rôle déterminant dans la relation parce qu'il met l'auditoire en confiance, crée une certaine complicité et vous place en prise directe avec la réalité. Votre intuition est stimulée et les informations visuelles que vous recueillez en observant le groupe vous permettent de vous assurer que vous avez bien été compris.

Le regard caméléon

Il permet d'avoir une vision d'ensemble du groupe, du premier rang jusqu'au fond de la salle. C'est le regard « début de séance » (avant de commencer à parler), que vous pourrez réactualiser chaque fois que vous aurez énoncé un point important ou lorsque vous voudrez observer les effets produits par vos propos sur l'ensemble du groupe.

Le regard calme

C'est un regard plus détendu qui navigue avec votre parole et renforce le sens de ce que vous dites.

L'œil de lynx

Vous l'utiliserez pour focaliser temporairement la relation sur l'un des membres du groupe. Regardez-le dans les yeux, n'insistez pas si vous sentez qu'il éprouve de la gêne. Promenez ainsi votre regard de participant en participant pour ponctuer votre intervention. Attention aussi à ne pas introduire de régularité dans cette façon de regarder : ne « balayez » pas les participants de proche en proche, les uns après les autres.

À VOUS DE JOUER !

- Ne quittez pas votre public des yeux, même en cas de décrochage de votre part, cet « effet de panne » mettrait votre public mal à l'aise pour vous et ne ferait qu'accroître votre stress.
- Évitez de fixer trop longuement la même personne. Vous risquez de l'incommoder, voire de provoquer son départ.
- Ne regardez pas toujours au même endroit. Après tout, lorsque vous vous adressez à un groupe, votre intervention concerne tous les participants et non pas un nombre restreint de ceux-ci.
- Méfiez-vous des regards « absents ». Vous êtes là physiquement, mais vous donnez l'impression de n'attendre qu'une chose : partir à la pêche !
- Attention aux regards « en coin » ou « par en dessous ». Parce qu'ils ne sont pas francs et directs, ils laissent supposer que vous ne dites pas tout, que vous cachez la vérité, que ce que vous dites n'est pas en accord avec ce que vous faites ou avec ce que vous êtes.

Partie III

OPTIMISER LA COMMUNICATION

Toute communication interpersonnelle met en scène au moins deux personnes qui émettent, reçoivent et interprètent les signaux qu'elles s'adressent mutuellement, de façon consciente ou inconsciente et en fonction d'une motivation individuelle : plaire, convaincre, soumettre, dominer ses pairs, etc.

Pour que la communication fonctionne bien, il est souhaitable que ces signaux aient la même signification pour les deux protagonistes, c'est-à-dire qu'ils empruntent au même code culturel ou verbal. Au Tibet, par exemple, on tire la langue pour dire bonjour. Dans notre culture, c'est un signe d'impolitesse : les codes culturels sont différents ; sans prise en compte de ces différences culturelles, la communication est enrayée.

En outre, pour établir le contact, la communication requiert un canal : un moyen pour que les signaux circulent. À l'oral, le canal verbal est associé au canal visuel, mais d'autres systèmes perceptifs comme l'odorat ou le toucher peuvent entrer en jeu.

Le langage et, plus largement, tous les signes que nous émettons dans nos actes de communication, peuvent être caractérisés par six fonctions essentielles[1].

Prenons, pour illustrer ces fonctions, l'exemple d'une intervention publique.

Les six fonctions essentielles du langage

La fonction expressive

C'est le « je » qui est lié à l'émotion de l'orateur, à ce qu'il rend sensible à travers ses mots, sa voix et ses gestes : « J'ai la conviction que... »

La fonction conative

Elle concerne tous les messages qui s'adressent directement au public. Le « vous » sert à l'implication, au rappel à l'ordre, à l'injonction ou à l'interpellation : « Vous remarquerez que... »

---

1. D'après les travaux de R. JAKOBSON.

La fonction poétique

Cette fonction est directement rattachée à la composition du message : quelle est l'organisation du discours ? Quels sont les mots choisis ? : « Mon intervention est construite en trois points... »

La fonction référentielle

Elle oriente le message sur l'information objective à transmettre au public, le contenu au sens strict : « Les chiffres du mois d'août parlent d'eux-mêmes... »

La fonction métalinguistique

La fonction métalinguistique utilise le langage pour donner le sens d'un message (explications, commentaires, remarques, précisions) : « Cet objectif se définit de la manière suivante... »

La fonction phatique

Centrée sur le contact social, elle se rapporte à tous les comportements que nous mettons en œuvre pour créer et maintenir le rapport avec le public et faciliter la saisie du message. : « Je sens que vous êtes en phase avec ma pensée... »

Ces fonctions sont interdépendantes, elles ne s'excluent pas. À certains moments du discours, l'une d'entre elles peut prendre davantage d'importance que les autres.

Exercice : Téléphone arabe

Cet exercice est révélateur des failles de la communication humaine et de la difficulté à échanger des informations fiables. Vous pouvez l'utiliser dans les groupes que vous animez, pour mettre en avant la nécessité de s'exprimer de façon claire, de faire preuve d'écoute, d'être attentif aux interprétations, jugements, extrapolations personnelles et d'utiliser des outils de mémorisation, tels que la visualisation, pour éviter les pertes de charge dans les messages échangés.

Demandez à six personnes de sortir de la salle. Distribuez le texte de l'histoire ci-dessous[1] aux personnes restées dans la salle et faites-le lire à haute voix par l'une

---

1. Tiré de A. BINET, V. HENRI, Revue *L'Année psychologique*, 1894.

d'entre elles, afin d'en prendre connaissance. Demandez aux observateurs de noter ce qui va se passer au cours de l'exercice...

Une vieille paysanne âgée de 64 ans, la veuve Mouillet, qui habitait une petite maison sur la route déserte des Recolets, avait conduit son troupeau dans les champs. Pendant qu'elle faisait de l'herbe pour ses animaux, une vipère, cachée derrière les fagots, s'élança sur elle et la mordit à plusieurs reprises au poignet. La pauvre femme en est morte.

Faites entrer le premier joueur. La personne qui a lu le texte une première fois devra le lire à nouveau à l'attention de ce joueur, une seule fois, de façon intelligible, mais sans répondre à aucune question. Le premier joueur doit s'efforcer de mémoriser l'histoire afin de la répéter au deuxième joueur qui lui-même la redira au troisième, etc. Les joueurs entrent à tour de rôle et reprennent leur place dans la salle une fois leur prestation effectuée. Aucun commentaire ne leur est autorisé pendant la phase de jeu.

Notez au tableau de papier les éléments du récit énoncés par le dernier joueur et procédez à un débriefing avec le groupe. Quelles sont les observations, remarques, suscitées par le jeu ?

Dans le tableau ci-dessous, notez d'une croix toutes les unités de signification qui sont restées présentes tout au long des échanges et qui n'ont subi aucune déformation.

Unités de signification	Présentes en fin de jeu
1. Une vieille paysanne	
2. âgée de 64 ans	
3. la veuve Mouillet	
4. qui habitait une petite maison	
5. sur la route déserte	
6. des Recolets	
7. avait conduit son troupeau	
8. dans les champs	
9. Pendant qu'elle faisait de l'herbe	
10. pour ses animaux	
11. une vipère	

12. cachée	
13. derrière les fagots	
14. s'élança sur elle	
15. la mordit à plusieurs reprises	
16. au poignet	
17. La pauvre femme	
18. en est morte	
TOTAL	

Sur les 18 informations contenues dans le texte, quel est le total des pertes de charge par le groupe ? ... soit 18 x ... ÷ 100 = ... % de déperditions.

Quel est le nombre de distorsions, c'est-à-dire des informations présentes dans le texte mais qui ont été déformées par les participants (ils ont dit, par exemple, « la vipère la piqua » au lieu de « la mordit ») ?...

Quel est le nombre d'ajouts, c'est-à-dire des informations absentes dans l'histoire initiale qui ont été inventées par les participants ?...

L'information principale « une vieille paysanne se fait mordre par une vipère et en meurt » est-elle restée présente dans la mémoire collective ?...

Commentaires

Dans un échange d'informations, chacun ajoute sa patte, ses interprétations, néglige certaines informations et reformule selon ses valeurs. Il est étonnant de constater, par exemple, que neuf fois sur dix, dans un échange successif entre six personnes, la mort de la vieille femme disparaît des récits. Sans doute l'idée même de la mort est-elle culturellement problématique.

Les participants ont conservé au cours de leurs échanges au moins 9 unités de signification... L'information principale est restée présente et peu d'informations supplémentaires ou de distorsions sont apparues ? Vous pouvez considérer que la communication a bien fonctionné entre les personnes qui ont fait preuve d'une bonne capacité mémorielle, qui sont restées centrées sur les faits sans se laisser prendre aux pièges de l'esprit.

Vous avez obtenu moins de 9 unités de significations... Des informations supplémentaires ont été ajoutées ? Des éléments de l'information principale (c'est une vieille – elle se fait mordre – par une vipère – elle en est morte) ont été éliminés ? Les unités de l'histoire ont été déformées ? Les participants ont effectué ce travail en fonction de leurs émotions, de leurs schémas de pensée, de leurs centres d'intérêt, de leurs valeurs, sans se préoccuper de l'exactitude des faits. Ce travail d'interprétation nuit à la qualité des relations dans le groupe et peut provoquer des conflits.

Diminuer la déperdition d'informations

Pourquoi est-il nécessaire d'améliorer la communication ? Parce qu'il existe dans l'échange interpersonnel une série de filtres successifs qui déforment, détournent ou épuisent le message. Ces filtres interfèrent à différents niveaux de la transmission entre :

- ce que je veux dire et ce que je peux dire : je ne peux pas toujours exprimer vraiment mes opinions sans tenir compte du contexte et des gens qui m'entourent ;
- ce que je peux dire et ce que je dis vraiment à travers mes mots et mes comportements : les termes que j'utilise ne sont pas suffisamment précis et fidèles pour traduire ma pensée avec exactitude, mes comportements peuvent fausser le message ;
- ce que je dis vraiment et ce que les autres peuvent entendre ou sont prêts à entendre : les gens n'ont pas envie d'entendre des choses qui heurtent leurs croyances ou leurs convictions ;
- ce qu'ils entendent et ce qu'ils comprennent : mes auditeurs prélèvent l'information qui leur paraît pertinente et l'interprètent en fonction de leurs propres références ;
- ce qu'ils comprennent et ce qu'ils mémorisent : une part importante du contenu disparaît dès qu'elle est soumise à l'épreuve du temps et de la mémoire.

On estime que les déperditions, en termes d'informations, peuvent aller jusqu'à 90 % des intentions de départ du locuteur. Et c'est sans compter les nombreuses distorsions qui viennent se surajouter aux pertes de charge !

Cette seconde partie développe un ensemble de moyens pour accroître l'efficacité de la communication et s'assurer que le message a été bien compris. Elle propose, en outre, des solutions pour intervenir en cas de problème.

Chapitre 7

Faire passer le message

Structurer l'intervention

Quoique l'improvisation donne de la vivacité et de la sincérité à votre discours, dans de nombreux cas, il est difficile d'intervenir sans avoir bâti un scénario cohérent avec des enchaînements logiques et une progression dans le discours.

Organiser son discours

Christian doit présenter les travaux de sa commission devant les instances nationales de son syndicat. Il a soigneusement bâti son intervention de façon analytique mais sans faire de transitions entre les différents points : la structure est lourde et peu convaincante.

Muriel a parfaitement organisé son exposé avant de l'apprendre par cœur mais une question pertinente du public l'oblige à réorganiser différemment son intervention ; elle ne parvient pas à « raccrocher les wagons » et s'aperçoit – un peu tard – qu'elle a oublié une partie de son discours.

Pour préparer sa conférence, Anne a rassemblé une documentation très importante. Elle veut absolument en faire profiter son public : Finalement, Anne noie l'essentiel dans l'accessoire et sa conférence prévue pour quarante-cinq minutes dure près de deux heures.

153

Ces trois exemples font apparaître des maladresses relativement fréquentes dans les interventions publiques, c'est-à-dire lorsque la communication verbale est centrée sur l'émetteur et que le « retour » du groupe est essentiellement non verbal.

À VOUS DE JOUER !

▪ Efforcez-vous d'avoir une parfaite maîtrise de votre sujet. Vous pourrez parler plus librement, improviser, donner des exemples avec aisance. Vous répondrez plus facilement aux objections.

▪ Ne vous en tenez pas strictement à la logique de votre plan si la situation vous impose de la changer en cours de route. Prenez de la distance par rapport à votre préparation et autorisez-vous de petits écarts.

▪ Limitez votre intervention : si vous voulez trop en dire ou trop en faire, vous risquez de perdre votre message principal. À l'opposé, des messages trop édulcorés peuvent laisser vos interlocuteurs sur leur faim ou donner l'impression que vous ne maîtrisez pas correctement votre sujet.

La rhétorique

Le *Petit Robert* définit en ces termes la rhétorique : « Art de bien parler ; technique de la mise en œuvre des moyens d'expression. »

La rhétorique propose une démarche en cinq temps :

• L'invention : procéder à l'inventaire des idées et des arguments ;

• La disposition : agencer logiquement les arguments en fonction de l'objectif à atteindre ;

- Le style : mettre le discours en mots et en phrases en utilisant des figures ;
- L'action : s'engager physiquement dans la communication ;
- La mémorisation : ancrer mentalement le dispositif.

Vous pouvez vous inspirer de cette démarche classique pour structurer votre intervention.

Efforcez-vous avant tout de vous poser les bonnes questions avant d'élaborer le scénario :

- Est-ce que je dispose de connaissances suffisantes pour aborder cette question ou bien dois-je me documenter ?
- Par quel bout commencer ?
- Quelle structure adopter, avec quels types d'arguments, selon quel montage ?
- Comment conclure ?

Ces questions nous renvoient à deux contraintes :

- une contrainte de forme : par exemple, une conférence n'est pas structurée de la même manière qu'une réunion ou un séminaire de travail ;
- une contrainte de temps : votre préparation des contenus doit naturellement tenir compte du temps qui vous est imparti. Annoncez la durée de votre intervention au début et faites tout pour vous y tenir.

✎ Exercice : Gestion du temps de parole

Choisissez un article de journal. Lisez-le de façon approfondie et accordez-vous quelques minutes de réflexion. Ensuite, présentez oralement une synthèse de l'article (enregistrez-vous) en disposant d'un temps de parole limité à deux ou trois minutes. Vous n'utiliserez aucun support écrit. Déclenchez le chronomètre dès les premiers mots et ne le regardez plus ensuite. Dès que vous pensez avoir parlé pendant le temps que vous vous êtes fixé, arrêtez le chronomètre et vérifiez votre score, l'objectif étant d'être au plus près du temps fixé au départ.

Prendre conscience de la notion de temps est un atout important : lorsqu'on intervient dans un groupe, il arrive que notre horloge interne subisse quelques déphasages…

---------- **À VOUS DE JOUER !** ----------

Documentez-vous, prenez des renseignements

▪ Ayez bien en tête tous les éléments de la communication.

Faites l'inventaire, sans autocensure, des idées, des thèmes et des points à aborder

▪ Faites l'inventaire de vos connaissances sur le sujet et procédez, si nécessaire, à des enquêtes sur le terrain et/ou à des recherches documentaires.

Laissez mûrir

▪ Notez vos idées par écrit, à mesure qu'elles viennent, sans vous soucier d'une quelconque concordance logique. Vous pouvez procéder par associations de mots-clés, de thèmes ou de concepts. L'utilisation d'un dictaphone est parfois utile.

Définissez l'idée maîtresse et élaguez les éléments recueillis au point 2

▪ Définissez les deux ou trois idées maîtresses autour desquelles vous allez organiser votre intervention. Quels sont les messages essentiels que vous souhaitez délivrer ? Pour quels résultats ?

Commencez par la conclusion

▪ Commencez par préparer votre verrouillage de fin. Cette dernière phase de l'intervention est un moment crucial : elle recentre l'attention des participants sur les points essentiels de votre message et précise la suite de l'action. La conclusion doit marquer les esprits parce qu'elle occupe une position stratégique : le taux de mémorisation est élevé (on retient mieux ce que l'on a entendu en dernier) et l'affectif occupe une place importante (la relation entre le locuteur et le groupe va s'interrompre).

Soignez les articulations du plan

▣ Charpentez cette matière première en tenant compte du fait que l'attention et les capacités de mémorisation des participants s'amenuisent avec le temps. Prévoyez donc des relances, des anecdotes, des traits d'humour. Avec l'expérience, votre aptitude à recueillir du *feed-back* vous permettra de jauger le climat du groupe et de vous adapter aux circonstances.

▣ Organisez le canevas de votre développement en limitant les tournures syntaxiques. Préférez les mots ou les idées clés. L'enchaînement des arguments et des exemples doit laisser apparaître une certaine logique. Imposez-vous des connexions dans l'articulation des idées : il est difficile de changer de vitesse sans débrayer !

Finissez par l'introduction

▣ Préparez votre introduction à la fin. Le fait d'avoir effectué l'ensemble des travaux précédents vous permettra de trouver l'angle d'attaque idéal. Une bonne introduction doit être « accrocheuse ». On doit avoir envie d'en savoir plus, de se laisser porter par votre conviction. Il n'est pas toujours utile d'annoncer le plan de façon explicite. Dans certaines situations, vous pouvez laisser à vos interlocuteurs le plaisir de le lire en filigrane ou carrément les surprendre avec des enchaînements auxquels ils ne s'attendaient pas (mécanique dramatique quelquefois très efficace !).

Savoir convaincre

Nous avons examiné, dans les chapitres précédents, plusieurs stratégies pour communiquer de manière efficace avec un groupe et être persuasif. Il existe des démarches parallèles, pour atteindre cet objectif en travaillant sur le message à transmettre.

Convaincre, c'est amener les membres du groupe à reconnaître que vos idées ou vos propositions sont bien fondées en leur apportant les éléments nécessaires pour les persuader dans ce sens.

Pour être convaincant, multipliez les passerelles entre ce que vos interlocuteurs savent déjà, leur héritage culturel, leurs besoins et votre discours. Ils auront le sentiment que vous prenez en compte leur expérience et seront plus disponibles pour adhérer à vos idées.

Quels arguments choisir ?

S'il est sensible aux démonstrations rondement menées, le public est également réceptif aux arguments affectifs qui suscitent son adhésion, sa mobilisation ou son rejet. Il a besoin de se retrouver autour de normes et de valeurs communes. L'impact culturel de certains de vos arguments ne doit donc pas être négligé.

De même, pour que vos auditeurs aient une vision claire et imagée de vos propos, n'hésitez pas à utiliser des exemples concrets, des chiffres, des résultats, pour appuyer votre argumentation.

À VOUS DE JOUER !

▧ Pour convaincre votre auditoire, faites appel à des arguments à la fois logiques, affectifs, et observables.

Construire une argumentation

En fonction de l'objectif poursuivi, différents types de techniques argumentaires sont utilisables pour structurer vos idées et prouver la validité de vos propositions. Plusieurs modèles vous sont proposés ci-dessous, parmi lesquels il vous appartiendra de choisir celui qui convient le mieux à la nature de votre intervention. Mais rien ne vous empêche d'inventer votre propre scénario !

Le plan dialectique

• Présenter le sujet de l'intervention ;

• Dire en quoi ce thème est important ;

• Annoncer votre position sur la question ;

• Développer chaque argument ;

• Conclure en reprenant succinctement l'ensemble des arguments.

Le plan polémique

• Présenter la position adverse ;

• Le cas échéant, concéder deux ou trois points secondaires ;

• Critiquer cette position ;

• Développer votre position personnelle sur la question ;

• La justifier par vos arguments.

Le plan préventif[1]

• Présenter votre position personnelle sur le sujet ;

• La justifier par des arguments ;

---

1. Ce procédé rhétorique, qui consiste à devancer les objections éventuelles de vos adversaires en les réfutant par avance, s'appelle une prolepse.

- Faire l'inventaire des objections possibles ;
- Prouver qu'elles sont non fondées ;
- Conclure en revenant à vos arguments.

Le modèle publicitaire AIDA

- A pour Attention : accrocher l'attention du public par une introduction vivante ;
- I pour Intérêt : susciter son intérêt pour le thème abordé ;
- D pour Désir : lui donner envie d'agir ;
- A pour Action : prendre des initiatives, des décisions.

Le modèle scientifique

- Présenter la situation ;
- Émettre une hypothèse pour expliquer cette situation ;
- Chercher des éléments qui permettent de valider ou d'invalider cette hypothèse ;
- Tirer des conclusions.

Le plan SOSRA

- S pour Situation : exposer les faits ;
- 0 pour Observation : indiquer le problème qui est lié à cette situation ;
- S pour Sentiment : dire ce que vous en pensez ;
- R pour Réflexion : justifier votre sentiment ;
- A pour Action : proposer des solutions pour agir.

Les effets rhétoriques

Pour renforcer l'aspect persuasif du message, il existe de multiples effets rhétoriques. La liste suivante recense les constructions les plus usuelles.

Effets rhétoriques	Définition	Exemple
L'allitération	Attirer l'attention du public par la répétition d'un son.	« Si ceci se sait, messieurs… »
L'anaphore	Renforcement d'une idée par répétition d'un mot.	« L'entreprise qui gagne… l'entreprise qui respecte les hommes… cette entreprise dont nous sommes fiers… »
L'apostrophe	Interpellation du public.	« Vous qui m'écoutez, vous savez bien que… »
La contre-objection		« Certains me feront remarquer que… mais… »
La double négation		« Ceci ne va pas sans présenter un certain nombre de problèmes. »
L'euphémisme	Effet d'adoucissement obtenu par l'emploi d'un terme moins marqué.	On dit par exemple « ma collaboratrice » au lieu de « ma secrétaire ».
La gradation	Renforcement par l'emploi de termes présentant une progression au niveau du sens.	« Une organisation qui se coupe de son environnement, c'est une organisation qui étouffe, se fige, se paralyse et meurt. »
L'hyperbole	Exagération dans les termes utilisés : pour parler de quelque chose qui est peu ordinaire.	« C'est incroyable ! »
La litote	À l'inverse de l'hyperbole, la litote suggère une idée de façon atténuée.	« Ce que vous proposez n'est pas si mal. »
La périphrase	Ce détour consiste à remplacer un mot par un groupe de mots.	« Le roi de l'empire Microsoft » pour désigner Bill Gates.
La prétérition	Attirer l'attention sur un point en le présentant par la négative.	« Je n'insisterai pas sur le fait que… »
Les questions oratoires	Cette technique consiste pour l'orateur à enchaîner les questions et les réponses.	« Pourquoi devons-nous agir autrement ? Parce que… »
La tautologie	Forme de lapalissade dans laquelle la même idée apparaît deux fois.	« C'est mon avis et je le partage. »

161

Réduire les bruits

Les bruits désignent toutes les manifestations parasites qui brouillent la communication et altèrent la transmission du message. Voici les principales formes de bruit.

Le bruit physique

Un avion passe en provoquant un vacarme assourdissant, un projecteur éclate, une rumeur monte au fond de la salle : l'attention du public est attirée par ces phénomènes et la majorité de vos auditeurs n'est plus attentive à vos propos.

Dans ces conditions, inutile de vouloir poursuivre à toutes fins votre intervention comme si de rien n'était. Interrompez votre discours de façon détendue et prenez la chose avec humour.

Le bruit physiologique

Vous avez organisé votre réunion à 11 heures, au moment du fameux « coup de pompe » qui précède le repas, ou juste après le déjeuner, en pleine digestion : votre public n'est pas complètement réceptif à ce que vous racontez.

Il n'est pas certain que vous ayez choisi le meilleur moment pour intervenir. Vous pouvez toutefois pallier ce genre de bruit en adoptant un rythme et une présence plus intenses qu'à l'accoutumée.

Le bruit psychologique

Ce bruit existe, par exemple, lorsque vos auditeurs ont des *a priori*, des principes, ou des préjugés relatifs au sujet que vous traitez ou vous concernant directement. L'essentiel de leur activité mentale va être consacré à ne sélectionner que les messages ou les comportements qui viennent renforcer leurs idées : une partie de votre communication sera inopérante.

Pour éviter ce type de problème, il est souhaitable d'avoir conscience des opinions préconçues qui peuvent circuler dans le groupe, de manière à pouvoir les contrer rapidement.

Le bruit organisationnel

Il inclut tout ce qui se rapporte aux circonstances de la communication : vous intervenez dans un espace trop réduit au regard du nombre de participants et les individus ne se sentent pas à l'aise ; vous devez animer une session de formation avec quarante personnes : la participation de tous est impossible.

Dans ces situations, un seul conseil s'impose : refusez d'intervenir dans de telles conditions !

Prendre garde aux déformations

Dans notre façon d'appréhender la réalité, nous avons naturellement tendance à employer certains modèles que nous avons intégrés mentalement lors de nos expériences antérieures. Cette faculté qui nous permet de « cartographier » notre vision du monde est à double tranchant : ou bien elle nous permet de nous adapter aux situations auxquelles nous sommes confrontés, ou bien elle restreint notre champ d'action.

Quand les protagonistes interprètent la réalité

Parce qu'il n'a pas reçu une information en temps utile, Jean-Yves conclut : « Il y a un réel problème de communication dans cette entreprise. »

À la suite de deux échanges houleux, Sylvianne est convaincue que les délégués du personnel de son entreprise se sont définitivement ligués contre elle. Tous leurs comportements sont pour elle des marques d'hostilité.

Pendant une réunion, Maxime est interrompu par un de ses collègues qui formule des objections sur la façon dont le travail est organisé dans son service. Maxime considère cette attitude comme une attaque personnelle.

➡ Analyse

Il ne s'agit pas de trancher pour déterminer si nos deux protagonistes ont tort ou raison d'agir comme ils le font, mais plutôt de mettre en évidence leur entrée dans un processus de déformation de la communication.

Généralisation

Dans le premier exemple, Jean-Yves utilise une expérience personnelle pour en tirer des conclusions plus larges sur le fonctionnement de la communication dans son entreprise. Mais le fait d'avoir constaté un dysfonctionnement à un moment donné permet-il d'en déduire une vérité absolue ?

Jean-Yves a opéré une généralisation. Ce processus, qui intervient dans toutes les situations d'apprentissage (lorsque vous avez appris à faire du vélo, par exemple, vous avez généralisé cette expérience à l'ensemble des éléments constituant la classe des bicyclettes sans avoir besoin de réapprendre à chaque fois), peut conduire à des comportements inadéquats lorsqu'il limite notre vision des choses ou restreint nos possibilités de choix d'action dans une situation donnée.

Dans le langage, nous effectuons des généralisations lorsque nous disons par exemple :

« Tout va de travers aujourd'hui ! » : Qu'est-ce qui – précisément – va de travers ?

« On a toujours procédé de cette manière ! » : Que se passerait-il si l'on faisait autrement ?

« C'est bien de faire comme ça ! » : Bien selon qui ? En fonction de quels critères ?

Sélection

Dans le deuxième exemple, Sylvianne reconstruit sa vision de la réalité en ne prélevant dans son environnement que les informations ou les perceptions dont elle a besoin pour renforcer ce qu'elle tient pour indiscutable : les représentants du personnel lui en veulent. Elle concentre son attention autour de cette affirmation, sans remarquer que certaines personnes font preuve de prévenance à son égard. Sylvianne opère une sélection.

Cette faculté est très utile parce qu'elle nous permet d'effectuer un tri dans les informations qui nous proviennent du contexte pour ne garder que celles qui nous paraissent pertinentes. Mais en même temps, elle peut s'avérer restrictive si nous omettons certains éléments qui pourraient nous être utiles.

Dans le langage, nous effectuons des sélections lorsque nous omettons un terme dans une proposition :

« Je suis consterné » : À propos de quoi ? Pour quelle raison ?

« Cette solution est préférable » : Préférable par rapport à quoi ?

Distorsion

Dans le troisième exemple, Maxime interprète les objections de son collègue comme des attaques personnelles. Mais qu'est-ce qui lui donne à penser cela ? En quoi le comportement de son collègue traduit-il une agression ? Chaque fois que nous déformons notre expérience de la réalité de cette manière, nous sommes dans une opération de distorsion. C'est-à-dire que nous introduisons, consciemment ou non, un décalage entre la perception d'un événement et l'interprétation que nous en faisons.

On retrouve des distorsions dans le langage, par exemple lorsque nous disons :

« Il rit, donc il se moque de moi. » : En quoi le fait de rire prouve-t-il qu'on se moque de vous ?

« Le chef ne me supporte pas. » : Comment savez-vous qu'il ne vous supporte pas ? Sur quoi vous fondez-vous pour affirmer cela ?

Être conscient de ces trois catégories de modélisation des expériences – la généralisation, la sélection et la distorsion – vous permettra :

- de limiter les imprécisions au niveau du langage ;
- de prendre du recul par rapport à la façon dont vous pouvez interpréter les comportements de votre auditoire.

Exercice : Les processus de déformation

Identifiez la nature des ambiguïtés en cochant, en face de chaque exemple, la colonne qui correspond, à la catégorie correcte, solutions p. 169.

Exemples	Généralisation	Sélection	Distorsion
1. Luc ne m'a pas rappelé, il n'est pas d'accord avec mon projet.			
2. Tout le monde sait bien que cette proposition ne passera pas.			
3. Ce serait mieux de faire un repas pour Noël.			
4. On ne tient jamais compte de mes propositions !			
5. Oh ! Je sais bien ce qu'elle veut dire par là.			
6. Aujourd'hui, je suis sur les nerfs.			

Se faire bien comprendre

Pour limiter les bruits et éviter les interprétations restrictives dues à la généralisation, à la sélection et à la distorsion, il est indispensable d'être redondant lorsqu'on communique avec un groupe.

La redondance, qui peut représenter plus de 50 % de la communication, donne plusieurs choix possibles au destinataire pour interpréter le message en réduisant les décalages avec les intentions du locuteur. La

© Groupe Eyrolles

congruence entre la communication verbale et la communication non verbale est une première forme de redondance. Mais il existe d'autres façons d'être redondant.

Expliquer

Savoir expliquer, c'est être capable de faire comprendre clairement à vos auditeurs quelque chose qu'ils ne connaissent pas. Cette pratique impose de prendre conscience du décalage qui existe entre une logique et un système de perception qui vous sont personnels et les représentations d'autrui.

Bruno a du mal à former ses collègues...

Bruno maîtrise parfaitement le fonctionnement de la nouvelle machine-outil qui vient d'être mise en service dans l'usine de meubles en kit où il travaille. Son chef du personnel lui confie la charge de former ses collègues d'atelier. Mais ce qui se conçoit bien ne s'explique pas forcément clairement et Bruno connaît quelques déboires : une série de découpes programmées par ses pairs présentent des malfaçons.

→ **Analyse**

Dans cet exemple, Bruno ne s'est probablement pas « décentré », c'est-à-dire qu'il est parti du principe que ce qui était clair pour lui l'était également pour les autres. Il n'a pas réorganisé ses connaissances en « reformatant ses logiciels pour qu'ils puissent être lus par le disque dur de ses collègues ».

À VOUS DE JOUER !

- Mettez-vous à la place de l'autre.
- Mettez en actes ces quatre verbes clés : commenter – compléter – nuancer – préciser.
- Utilisez des images, des comparaisons.
- Soyez attentif au *feed-back*.
- Assurez-vous que vous avez bien été compris.

Prendre des exemples

Les exemples permettent d'illustrer vos propos et de marquer des pauses dans la progression de votre discours. Ils raccrochent votre parole à des éléments concrets qui viennent confirmer votre argumentation en l'ancrant dans la réalité : vous ne parlez pas en l'air ! La preuve : vous citez des chiffres, des dates, des expériences qui peuvent inspirer un sentiment de confiance à vos interlocuteurs.

Utiliser des métaphores

C'est employer une image, une comparaison ou une histoire très courte pour faciliter la compréhension de ce que l'on dit. Une des forces de la métaphore réside dans le fait que le transfert de sens s'effectue entre deux concepts qui n'ont pas, *a priori*, de rapport direct.

Par exemple dans la phrase « en reformatant ses logiciels pour qu'ils puissent être lus par le disque dur de ses collègues » extraite du commentaire qui suit l'exemple de Bruno, on utilise une métaphore pour montrer que nos représentations de la réalité (les logiciels) peuvent différer en fonction des individus (les disques durs). Cette analogie entre l'activité cérébrale et un matériel informatique est évidemment critiquable, mais elle présente l'intérêt d'expliciter les propos et de les rendre plus facilement mémorisables.

Faire des synthèses

Suivant la nature de votre intervention, vous pouvez utiliser cette forme de redondance qui consiste à ponctuer votre discours, à intervalles réguliers, d'une vue d'ensemble simple et concise des points que vous venez d'évoquer. Cette pratique marque les articulations de votre discours et permet à vos auditeurs de se situer plus facilement dans le cheminement de votre pensée.

Utiliser des visuels

Tous les individus n'entrent pas de la même manière en contact avec les informations. Si vous vous contentez de parler, vous donnez la primauté aux personnes dont le système de représentation principal est l'ouïe, mais vous oubliez celles dont le système de représentation principal est la vue, autrement dit, à peu près 40 % des membres du groupe ! Il est donc important d'utiliser de façon quasi systématique le tableau de papier pour inscrire les informations essentielles, les points clés, la méthode de travail ou la démarche concernant le travail collectif.

Comment choisir les bons visuels ? Vous gagnerez à soigner vos visuels en tenant compte des conseils suivants :

• Faites des visuels simples (un seul message par document), lisibles (en grosses lettres capitales) et crédibles (cohérents avec votre discours).

• N'hésitez pas à faire des croquis, des graphiques simples, de petits dessins amusants.

• Tenez compte du fait que la zone d'attrait du visuel se situe à droite de la diagonale de lecture (de l'angle supérieur gauche à l'angle inférieur droit).

• Allez à l'essentiel : évitez les mots et les chiffres inutiles.

• Titrez vos visuels (utilisez une accroche).

• Présentez l'image au public en la situant par rapport à votre discours.

• Confirmez l'image par vos commentaires.

• Concluez brièvement avant de quitter l'image (éteindre le rétroprojecteur, masquer le tableau).

• La projection de transparents vous permet d'animer la mise en scène de vos visuels : écriture en direct, superposition ou masquage des documents, etc.

SOLUTIONS DES EXERCICES DU CHAPITRE 7

Exercice p. 166 : Les processus de déformation

1. Distorsion ; 2. Généralisation ; 3. Sélection ; 4. Généralisation ; 5. Distorsion ; 6. Sélection.

Chapitre 8

Message reçu ?

Faire participer le public

La communication étant fondée sur l'échange entre les membres du groupe d'une part et/ou les membres du groupe et l'intervenant d'autre part, le taux de participation des individus est très étroitement lié à trois facteurs :

- le climat affectif qui aura été instauré par l'animateur. Il doit veiller, par exemple, à ne pas créer d'inquiétude parmi les membres du groupe ;
- la situation ;
- le degré de maturité du groupe.

Si la participation procure une réelle satisfaction aux membres du groupe, il arrive qu'elle soit entravée par certains phénomènes de repli, de rejet, ou de résistance.

Des freins à la participation

Après avoir tenté de faire passer ses idées sur la nouvelle politique commerciale à mettre en place dans sa société, Martin sollicite l'avis de ses vendeurs : il ne recueille que des regards embarrassés et de vagues assentiments, mais aucune participation effective.

Le maire d'une ville moyenne organise une « réunion citoyenne » pour débattre des problèmes de violence dans un quartier périphérique : les gens ne participent pas parce qu'ils éprouvent des difficultés à s'exprimer. Ils ont peur d'être jugés.

Corinne préside une association où se sont créées des rivalités entre clans : fidèles à l'idée reçue selon laquelle parler le premier c'est « baisser les armes » et montrer sa faiblesse, les individus restent hermétiques à toute négociation.

➡ **Analyse**

Voici trois exemples assez classiques de freins à la participation. Dans le premier, la quasi-absence de participation incombe à l'intervenant : Martin, qui occupe une position hiérarchique supérieure à celle de ses vendeurs, a commencé par énoncer ses idées personnelles avant d'interroger les membres du groupe. Ce type de comportement ferme la porte à l'expression et à la créativité du groupe.

Le deuxième exemple relève de facteurs plus culturels : le groupe se réduit à une simple juxtaposition de personnes qui répondent à une invitation. Prendre la parole dans de telles conditions, c'est se mettre en situation de vulnérabilité par rapport au reste de l'assemblée. Cette situation peut s'avérer de nature anxiogène pour nombre d'individus.

Dans le troisième exemple, Corinne a affaire à une situation de nature conflictuelle. Deux cas de figures sont observables : soit les individus, comme c'est le cas dans l'exemple, campent sur leurs positions et utilisent des stratagèmes pour refuser la participation et le groupe est menacé d'implosion, soit l'intervenant parvient à débloquer la situation et les tensions peuvent émerger au grand jour.

Dans cette dernière hypothèse, l'animateur doit faire preuve de la plus grande prudence dans sa manière de réguler les échanges pour éviter les comportements négatifs susceptibles d'aboutir au déni de l'autre ou des autres. Il ne perdra pas de vue le fait que son rôle n'est pas de fuir les conflits mais de leur donner un sens pour construire collectivement des solutions. Il arrive aussi que la situation se débloque d'elle-même.

À VOUS DE JOUER !

■ De façon très directive, exigez des membres du groupe le respect des points suivants :
– Respect des règles d'interlocution : on écoute la personne qui parle, on ne l'interrompt pas ;
– Respect de la parole de l'autre : pas d'ironie, de cynisme, d'accusation personnelle ;

© Groupe Eyrolles

172

> – Respect de l'intégrité de l'autre : chacun doit pouvoir s'exprimer sans avoir à craindre de subir un chantage affectif, une pression psychologique ou une quelconque forme de représailles ;
>
> ▪ Sollicitez l'avis de tous, sans exception.
>
> ▪ Faites taire les bavards : ne vous mettez pas en face d'eux, ne les regardez pas. Marquez un moment de silence, demandez-leur d'être brefs, ou bien haussez le ton pour reprendre le gouvernail.
>
> ▪ Interrogez les personnes silencieuses sans montrer de signes d'impatience, mais en vous rapprochant d'elles et en les regardant. Veillez cependant à ne pas les incommoder par cette attitude.
>
> ▪ Ne portez pas de jugement personnel sur les idées qui sont émises.

Être attentif au *feed-back*

Définition

Le *feed-back*, ou rétroaction, désigne l'ensemble des phénomènes observables qui sont produits par votre communication verbale et non verbale sur vos interlocuteurs, et qui déterminent, par un effet d'écho, la suite de l'échange.

Être attentif au *feed-back*, c'est entrer de plain-pied dans la relation et ne plus considérer la communication avec le groupe comme un transfert d'informations à sens unique, d'un émetteur *via* des récepteurs. Le *feed-back* est piloté, en amont, par l'interprétation, évidemment subjective, que vos interlocuteurs vont faire de vos conduites et de ce que vous dites.

173

Analyser le feed-back

L'analyse du *feed-back* vous permettra de percevoir comment vos auditeurs réagissent à vos propos et de vous assurer qu'ils ont bien saisi le sens de ce que vous avez voulu leur transmettre. Notez que le *feed-back* sera souvent plus nourri lorsque vous marquerez des pauses dans votre discours. D'où l'importance des temps de silence courts pour laisser le groupe vous répondre par des signes.

Les signes	Les significations possibles
Bras croisés.	Je ne suis pas d'accord avec vous.
Coups d'œil fréquents à la montre.	Votre discours traîne en longueur.
Hochements de tête.	Je suis d'accord avec vous.
Moue/plissement du nez/ froncement des sourcils.	J'ai des doutes sur ce que vous racontez/ je dois faire des efforts pour comprendre ce que vous dites.
Sourire et regard direct.	Vous/votre discours me séduit.
Bâillements/étirements des bras.	Je suis fatigué/j'ai besoin de prendre l'air, de me dégourdir.
Regards vers la porte.	J'en ai assez/je veux partir.
Mouvements de la main/doigts sur la bouche.	Je voudrais parler.
Sourire en coin.	Je connais le sujet.
Piétinements sous la table/agitation des membres inférieurs/manipulations incessantes du stylo.	Je suis tendu.
Regards vers la fenêtre.	On serait mieux dehors.

Il existe plusieurs manières de recueillir des informations sur les réactions émotionnelles de votre public. Vous pouvez d'abord observer systématiquement tous les signes verbaux ou non verbaux qui apparaissent parmi les membres du groupe : expressions des visages, soupirs, murmures, silence attentif, bâillements d'ennui, direction des regards,

174

mouvements des bras et des jambes, attitudes corporelles... Si tous les signes semblent coïncider, vous n'éprouverez pas de grandes difficultés pour trouver le sens de ces messages. En revanche, si le comportement de l'un des membres du groupe vous paraît énigmatique, n'hésitez pas à lui poser une question liée indirectement à son attitude : « M. Dupont, souhaitez-vous des précisions sur ce point ? » Laissez à la personne que vous interrogez la possibilité d'exprimer ce qu'elle ressent. Évitez de la blesser en disant par exemple : « M. Dupont, j'observe que, depuis dix minutes, un affreux rictus crispe votre visage. J'en conclus que vous voulez des éclaircissements. » L'observation du *feed-back* nécessite un peu de doigté.

Vous pouvez aussi poser des questions à vos interlocuteurs, par exemple en fin de séance, pour savoir comment vous avez été perçu et vérifier qu'ils ont bien compris vos messages. Il est également possible d'attendre que vos interlocuteurs vous interrogent : vous pourrez alors apporter des éclaircissements à votre discours. De plus, le sens des questions qui vous seront posées vous indiquera de quelle manière votre communication a influencé votre public. L'écoute active et la reformulation sont d'autres sources importantes de *feed-back*.

--- **À VOUS DE JOUER !** ---

- Soyez observateur.
- N'oubliez pas que l'impact de votre communication compte plus que votre intention de départ.
- Faites preuve d'empathie à l'égard de votre public et de ses réactions.

Pratiquer l'art de l'écoute

L'écoute est un pendant manifeste du *feed-back*. Savoir écouter, c'est être capable de s'ouvrir aux autres avec bienveillance et d'accueillir leurs

175

émotions sans les rattacher à notre jugement, à nos critiques ou à nos sentiments personnels. C'est, à d'autres moments, aider l'autre à construire lui-même ses propres solutions en l'engageant à prendre conscience de ses besoins.

Selon Épictète, « la nature a doté l'homme de deux oreilles et d'une langue pour que celui-ci écoute deux fois plus qu'il ne parle ». Mais écouter ne se réduit pas à adopter une attitude passive en attendant que votre interlocuteur ait exprimé son point de vue. Lui laisser croire, à tort, que ses paroles ont une importance pour vous serait un manque d'élégance à la limite de la malhonnêteté.

Quand les réponses montrent des attitudes d'écoute problématiques…

Affirmation de départ

« Je ne me sens pas à la hauteur pour communiquer avec un groupe. »

Réponse compatissante

« Comme je te comprends, je n'aimerais pas être à ta place. »

Réponse encourageante

« Mais si, mais si, je suis persuadé que tu vas t'en sortir avec les honneurs. »

Réponse moralisatrice

« Tu as accepté ce poste, tu dois assumer. »

Réponse « clé du problème »

« Tu devrais aller voir André, il a fait un stage d'expression orale. »

Réponse déviante

« C'est à quel niveau exactement que tu ne te sens pas compétent ? »

➥ Analyse

Aucune des réponses figurant dans les exemples ci-dessus ne traduit une réelle qualité d'écoute, parce que toutes reflètent, d'une manière ou d'une autre, les sentiments ou les préoccupations personnelles de celui qui les formule. « Tu as le sentiment de n'avoir pas suffisamment confiance en toi » aurait sans doute été une phrase plus appropriée.

Pour accueillir la parole de l'autre dans les meilleures conditions, commencez par vous taire et par interrompre toute forme de dialogue intérieur. On ne peut pas écouter véritablement quelqu'un et penser à autre chose. Maîtrisez vos émotions personnelles et soyez attentif à l'ensemble des messages verbaux et non verbaux qui vous sont adressés.

Essayez de comprendre les choses telles qu'elles sont perçues par l'autre et montrez-lui par des signes simples (mouvements de la tête, emploi de mots tels que : *oui, bon, bien, d'accord...*) que vous êtes sur la même longueur d'onde que lui. Votre aptitude à l'écoute active valorise vos interlocuteurs. Ils ont l'impression d'être pris en compte, d'être reconnus en tant qu'individu. Elle vous permet de créer les conditions d'une communication satisfaisante.

N'OUBLIEZ PAS !

On prend en compte la parole des autres pour les comprendre...

- sans les juger ;
- sans déformer ou s'approprier leurs propos pour parler de soi ;
- sans les interrompre ou faire semblant de les écouter ;
- en leur montrant que l'on est attentif à leur parole.

Poser des questions

C'est une autre façon de s'assurer que le message a bien été compris. Les questions permettent en outre d'obtenir des détails à caractère informatif, des précisions et de mieux connaître les participants. Mais attention... la manière dont la question est formulée peut induire certains types de réponses et limiter les informations que les membres du groupe vont vous adresser en retour.

Se mettre en condition

Posez-vous aussi des questions !

- À qui la question est-elle destinée ? À un individu en particulier ou à l'ensemble des membres du groupe ?
- Dans quel but posez-vous cette question ?
  - Pour vérifier que les autres ont bien compris.
  - Pour recueillir de l'information.
  - Pour faire participer les membres du groupe.
  - Pour orienter la pensée de quelqu'un vers une réponse que vous connaissez.
  - Pour prendre une décision collective.
- La question est-elle formulée correctement au regard du type de réponse attendu ? Ne risque-t-elle pas d'être interprétée comme une tentative manipulatoire ou un détournement ?
- Est-elle susceptible d'avoir des effets imprévisibles : vexer quelqu'un, provoquer un malaise dans le groupe ?
- Et vous-même, êtes-vous prêt à entendre les réponses qui vont vous être apportées ?

Les différents types de questions

La question fermée

Elle appelle une réponse de type oui/non. Elle permet de faire un choix catégorique, mais n'autorise pas d'emblée le développement de la pensée de la personne interrogée.

Exemple : « Êtes-vous favorable au projet qui vient de vous être présenté ? »

Avantage : Les questions fermées permettent de prendre rapidement des décisions, notamment lorsque la taille du groupe est importante.

Inconvénient : Vous programmez l'autre sur votre propre vision des choses.

La question ouverte

Elle laisse une entière liberté de réponse. Votre interlocuteur peut à sa guise faire part de ses idées et développer son argumentation.

Exemple : « Que pensez-vous de la communication interne dans notre association ? »

Avantage : Les questions ouvertes sont valorisantes pour votre interlocuteur et conviennent bien pour les groupes de taille réduite.

Inconvénient : Le débat risque de traîner en longueur. En outre, certaines personnes peuvent se trouver déstabilisées par le manque de cadre dans les questions ouvertes.

Les questions-renvois

Elles permettent de rebondir sur un mot, sur une phrase, soit pour amener la personne qui parle à en dire davantage, soit pour répercuter ses propos vers un autre membre du groupe.

Exemple : « Je suis réservé sur le choix d'une telle option…
– Réservé ?
– Oui, parce que…
– Réservé ? C'est aussi votre sentiment, M. Dutilleul ? »

Avantage : Les questions-renvois rendent le débat plaisant, dynamique et permettent une meilleure participation.

Inconvénient : Le discours risque de perdre de sa cohérence parce que des digressions apparaissent assez fréquemment.

Les questions de Laswell[1]

Elles permettent de cerner complètement un sujet et d'en préciser chacun des termes. Vous pouvez les utiliser, par exemple, chaque fois que vous avez à mobiliser le groupe autour d'une tâche à accomplir.

---

1. Harold D. LASWELL, sociologue américain né en 1902, s'est intéressé à l'importance des communications de masse dans les rapports sociaux.

Qui fait quoi ? Où ? Quand ? Comment ? Pourquoi ? Avec quels résultats attendus ?

Les questions manœuvrières

Elles ne font pas apparaître verbalement l'intention qui les guide en réalité. Utilisez-les avec beaucoup de tact car elles peuvent provoquer du ressentiment et des récriminations chez vos interlocuteurs.

La question-réponse

Elle permet de contourner le problème.

Exemple : « Quel est votre sentiment sur le nouveau plan social ?

– Pourquoi me posez-vous cette question ? »

La question pilote

Elle induit un certain type de réponse.

Exemple : « Sincèrement, pensez-vous que le nouveau plan social soit réellement satisfaisant ? » (Réponse induite : « Non »).

La question piège

Elle permet d'enfermer votre interlocuteur dans ses contradictions. Par exemple, vous lui posez une question :

• à laquelle vous êtes certain qu'il ne saura pas répondre et, ce faisant, vous le décrédibilisez aux yeux des membres du groupe ;

• à laquelle il va forcément répondre par un argument que vous êtes en mesure de contrer.

La question offensive

Assez prisée des journalistes, elle vise à déstabiliser votre interlocuteur en faisant état, par exemple, d'une situation négative et en formulant une interrogation provocatrice.

Exemple : « Depuis que vous êtes entraîneur de notre club, nous n'avons pas gagné une seule rencontre. Avez-vous l'intention de persister dans cette voie ? »

Reformuler le message

Reformuler consiste à répéter sous une autre forme ce qu'autrui vient de dire, sans déformer, interpréter ou condenser excessivement sa pensée. L'autre doit parfaitement se reconnaître dans les termes qui sont utilisés.

Formules introductives et embrayeurs

Ce procédé, qui ne doit pas être utilisé de façon systématique, car il deviendrait rapidement agaçant pour vos interlocuteurs, traduit une volonté d'écoute de la part de celui qui l'utilise. Il permet de comprendre un interlocuteur en prenant des distances avec l'univers perceptif qui nous est personnel.

Les formules introductives	Les embrayeurs
Tu penses que...	Pour ma part...
Selon toi...	En ce qui me concerne...
D'après ce que tu viens de dire...	Quant à moi je pense que...
Si j'ai bien compris ta pensée...	J'ai moi la conviction que...
Tu sembles dire que...	Selon moi...
Ton sentiment est que...	À mon avis...

Les différents types de reformulation

Il existe plusieurs façons de reformuler en fonction du but que l'on veut atteindre. Les plus courantes sont aussi les plus efficaces !

Reformulation à l'identique	« C'est un problème important. » « Un problème important ? »
Reformulation pour aller à l'essentiel	« Je n'ai pas pu rendre ce dossier à la date prévue parce que j'ai eu une surcharge de travail ; qui plus est, ma secrétaire est en congé maternité depuis trois semaines. » « Vous n'avez pas pu rendre ce dossier car vous avez manqué de temps. »

Reformulation-déduction	« Ces réunions, c'est toujours pareil, tout le monde s'exprime en même temps, il n'y a pas moyen de tenir compte des avis personnels. » « Si j'ai bien compris, vous souhaiteriez faire part de votre point de vue dans le calme. »
Reformulation-induction	« Le climat social pourrait être amélioré par la prise en compte effective des relations humaines. » « Vous pensez que la DRH n'a pas correctement joué son rôle à ce niveau... »
Reformulation-décompression	« Si je le croise dans le couloir, je lui balance son dossier à travers la figure, comme ça, il apprendra à me connaître. » « Vous pensez qu'ainsi, il apprendra à vous connaître... »

La reformulation valorise la parole d'autrui en même temps qu'elle vous permet de comprendre comment il fonctionne. En cas de besoin, cette pratique s'avère d'une aide précieuse pour rectifier le tir et être clairement entendu. En outre, la reformulation est très efficace dans les situations d'argumentation : en reconnaissant la parole de l'autre, vous êtes plus à l'aise pour faire valoir votre propre jugement. Et vos auditeurs seront d'autant plus attentifs à vos propos que vous-même aurez fait preuve de la plus grande écoute à l'égard des leurs.

À côté de phénomènes affectifs manifestes, il existe des mécanismes sous-jacents, des affects inexprimés qui sont difficilement perceptibles pour l'animateur. Aussi, pour connaître le climat affectif du groupe, faites preuve d'humilité : toutes les informations ne vous sont pas accessibles. Évitez, dans la mesure du possible, d'intellectualiser vos perceptions et laissez faire votre intuition qui est probablement l'une de vos meilleures conseillères !

Exercice : Reformulation

En famille, entre amis, essayez de pratiquer les différentes formes de reformulation avec tact, pondération et en toute sincérité !
Vous constaterez que les effets produits sur vos proches peuvent être surprenants.

Chapitre 9

Que faire en cas de problème ?

Agir au lieu de réagir

Votre statut d'intervenant vous confère un rôle particulier par rapport aux membres du groupe, mais il vous place aussi en première ligne quand surviennent les problèmes : décrochage du groupe, objections, conflits, agressions.

Rien ne va plus !

1. Au cours d'un débriefing, Patrick se sent personnellement mis en cause par les remarques de ses collaborateurs. Piqué au vif, il perd son calme et monte sur ses grands chevaux, plein de morgue et de véhémence.

2. Dans un hôpital de taille importante, un conflit oppose plusieurs chefs de service. Responsable des ressources humaines, Karine en profite pour récupérer habilement la situation et imposer, en les enrobant, des changements qui n'auraient eu aucune chance de passer en temps normal.

3. Armand a pris conscience du fait que ses auditeurs ont décroché depuis un bon quart d'heure, mais il passe outre et poursuit sa conférence sans rien changer au ton ni au contenu de son discours.

⇒ Analyse

Ces trois exemples sont symptomatiques d'une réactivité à des situations vécues comme tendues ou difficiles. Or, ni l'agressivité (exemple 1), ni la manipulation (exemple 2), ni la passivité (exemple 3) ne peuvent constituer des réponses satisfaisantes à ce genre de difficultés.

Lorsque nous sommes confrontés à une situation qui pose problème, nous avons très souvent appris non pas à agir, mais à réagir, c'est-à-dire à répondre de façon impulsive, à nous poser en nous opposant ou à contourner les vrais problèmes par crainte de les aborder en face.

Cette conduite entretient une relation de type « boule de neige » : plus on l'alimente, plus elle s'amplifie. Mais elle ne permet pas de développer une communication ouverte et franche.

Agir	Réagir
Prendre des initiatives.	Prendre sur soi.
Renvoyer le problème à l'ensemble du groupe.	Se sentir personnellement jugé ou agressé.
Garder son sang-froid/dédramatiser. Comprendre. Écouter.	Perdre le contrôle de soi-même. Porter un jugement.
Faire son autocritique.	Chercher à se justifier.
S'affirmer. Être flexible.	Adopter une attitude défensive. Résister.

Adopter la bonne attitude

Les transactionnalistes ont décrit quatre positions psychologiques qui sont déterminées d'une part par la perception que l'on a de soi-même, d'autre part par la nature des relations que l'on entretient avec autrui.

Je suis bien et j'accepte les autres

Cette acceptation réciproque permet de résoudre positivement les problèmes, de manière à ce que tout le monde sorte gagnant des échanges : « Vous venez de dire quelque chose qui m'a blessé. Pouvez-vous formuler différemment votre remarque ? »

Je m'accepte mais je n'accepte pas les autres

Je suis gagnant contre eux. Je me place sur un piédestal et je les dévalorise, ou bien je me sens persécuté par eux et je les tiens pour responsables

184

de ce qui peut m'arriver de désagréable : « Mon exposé est clair, mais vous ne faites pas l'effort de vous y intéresser. »

Je ne m'accepte pas, mais j'accepte les autres

J'adopte un comportement masochiste. Je me sens inférieur aux autres, je me dévalorise et je me crois coupable de leurs échecs : « Je crois que ce groupe a de très grandes qualités. Dommage que je sois incapable de les exploiter. »

Je n'accepte pas plus les autres que moi-même

Cette considération négative traduit un renoncement total : « Vous n'avez rien compris parce que vous êtes nuls. Du reste, mon dossier ne valait rien. »

La première position est la seule qui soit satisfaisante dans une situation de communication avec un groupe parce qu'elle permet, notamment en cas de problème, une confrontation « adulte » entre les protagonistes tout en respectant les besoins des uns et des autres.

Être assertif

Être assertif, c'est être capable de couper le robinet de sa réactivité pour exprimer de façon naturelle, calme et confiante sa vision des choses tout en respectant celle des autres.

Dans une situation difficile, la personne assertive :

- affirme ses convictions en utilisant le pronom « je » ;
- sait dire non sans tourner autour du pot, sans se sentir coupable ;
- regarde les choses en face sans essayer de ménager la chèvre et le chou ;
- n'utilise ni l'autoritarisme (qui privilégie l'ordre, développe la docilité mais engendre la violence), ni le laxisme (qui n'autorise qu'une conciliation maladroite, excessive et souvent inopérante) ;
- écoute ses interlocuteurs ;

© Groupe Eyrolles

* accepte et prend en compte les remarques et les critiques qui sont justifiées ;
* reformule et demande des précisions sur celles qui le sont moins ;
* sait garder le contact avec le groupe.

Test : Êtes-vous assertif ?

Répondez aux questions à choix multiples suivantes en cochant ce qui correspond à une conduite assertive et contrôlez vos réponses en consultant les solutions p. 207.

1. Un participant vous reproche de ne jamais lui laisser la parole...
a. Vous prenez note de sa remarque.
b. Vous vous confondez en excuses et vous lui accordez immédiatement dix minutes de parole à titre compensatoire.
c. Vous revendiquez le droit d'accorder la parole à qui bon vous semble.

2. Un participant bavarde au fond de la salle...
a. Vous l'invitez à sortir prendre l'air.
b. Vous déclarez de façon impersonnelle : « J'ai horreur qu'on me dérange pendant mon intervention. »
c. Vous dites : « M. F., je suis gêné par vos discussions, souhaitez-vous vous exprimer à voix haute ? »

3. Un participant vous adresse poliment des critiques sur votre méthode de travail...
a. Vous lui conseillez de commencer par balayer devant sa porte.
b. Vous acceptez ces critiques en lui demandant de les expliciter.
c. Vous le laissez se défouler ; après tout, si ça peut lui faire du bien !

4. Un participant critique en permanence l'activité du groupe...
a. Vous le remettez à sa place.
b. Vous renvoyez le problème à l'ensemble des membres du groupe.
c. La vengeance est un plat qui se mange froid ; vous lui réglerez son compte lors du prochain entretien d'évaluation.

Vos réponses à ce test vous permettront d'évaluer votre capacité à faire valoir vos idées et vos convictions sans vous fermer au dialogue.

Relancer l'attention

Sans entrer dans le détail des mécanismes physiologiques qui caractérisent le niveau de vigilance de vos auditeurs, nous pouvons retenir que celui-ci décroît en intensité à mesure que le temps passe. Si votre intervention traîne en longueur, si elle n'est pas ponctuée par des changements de rythme, des temps de « respiration intellectuelle », des accroches intermédiaires, l'attention de vos auditeurs va très rapidement partir à la dérive et vous aurez toutes les peines du monde à « rattraper les mailles du filet ».

Pour éviter ce genre de désagrément, construisez un scénario dynamique en « crête de coq » avec des pics de relance à intervalles réguliers pour mobiliser la vigilance des membres du groupe. Soyez attentif au *feedback* et gardez en réserve quelques bons jeux de mots, des calembours, des anecdotes qui pourront facilement être glissés dans votre discours au moment opportun.

Répondre aux objections

Objecter quelque chose à quelqu'un, c'est lui opposer une remarque ou un argument pour contredire ou critiquer ce qu'il a énoncé. D'une manière générale, nous n'acceptons pas les objections de gaieté de cœur parce que nous avons tendance à les considérer comme des signes d'agression ou des remises en cause de nous-mêmes sans voir qu'elles présentent un triple intérêt :

• nous stimuler à titre personnel ;

• nous ouvrir à la connaissance et à la compréhension de l'autre ;

• savoir comment notre message est compris pour changer notre fusil d'épaule lorsque cela devient nécessaire.

Contenir les objections improductives

Cependant, les quelques indications suivantes pourront vous permettre d'éviter la multiplication des objections lorsque celles-ci deviennent improductives pour le groupe.

Conseillé	Déconseillé
Jouer franc jeu.	Avoir des intentions cachées.
Définir clairement ses objectifs.	Naviguer à vue.
Fonder le rapport sur la confiance.	Vouloir dominer/imposer ses vues.
Aller sans crainte vers la confrontation.	Éluder le face-à-face/noyer le poisson.
Affirmer sa personnalité.	

Demandez-vous quel type de réponse (verbale ou émotionnelle) est attendu par votre interlocuteur. Par exemple, l'objection représente-t-elle pour lui une autre manière de formuler une simple question ?

« Vous n'avez pas pris en compte l'aspect humain d'un tel changement », pourrait peut-être se traduire par : « Pouvez-vous nous dire ce que ce changement implique pour nous ? » Essayez de voir également ment si votre interlocuteur ne cherche pas à vous mettre en difficulté intellectuelle par une habile manœuvre d'enveloppement.

Si l'objection porte sur un problème accessoire, replacez-la dans un contexte plus large pour la minimiser sans toutefois la dénigrer. Évitez de froisser votre interlocuteur.

Si l'objection relève d'un problème plus vaste, focalisez votre réponse sur un point précis : un thème que vous connaissez bien et qui s'inscrit parfaitement dans votre argumentation.

À VOUS DE JOUER !

- Accueillez l'objection avec calme.
- Écoutez votre interlocuteur jusqu'au bout sans chercher à le contrer.
- Analysez le contenu de ses propos.

- Essayez de comprendre la signification exacte de l'objection : est-elle fondée ou bien dissimule-t-elle un désir insatisfait de votre interlocuteur ?
- Reformulez l'objection pour en savoir davantage.
- Reconnaissez les objections qui vous semblent justifiées. Proposez des solutions.
- Répondez de manière assertive à celles qui ne le sont pas.
- Restez concis dans vos réponses pour ne pas faire d'une grenouille un bœuf et ne pas donner l'impression que vous essayez de rattraper la situation.

Des techniques pour rebondir

Voici quelques techniques pour répondre à l'objection suivante : « Vos propositions ne sont pas valables dans le cadre de notre organisation. » Elles sont à utiliser avec circonspection et diplomatie !

Reformulation

Reformulez l'objection de manière à lui donner une signification acceptable pour la suite de votre discours :

« Selon vous, mes propositions ne sont pas valables pour notre organisation telle qu'elle se présente aujourd'hui. En effet, notre culture... »

Vous pouvez aussi enchaîner les reformulations successives pour pousser votre interlocuteur à aller au bout de sa pensée :

« Vous pensez que mes propositions ne sont pas valables...

– Oui, parce que vous ne prenez pas en compte les performances individuelles.

– À votre avis les performances individuelles sont déterminantes... »

Incompréhension

Répondez à côté de la plaque en faisant mine de ne pas avoir correctement compris l'objection :

« Vous avez raison de souligner l'importance du contexte dans ce type d'évolution, mais il reste à se demander si... »

Détournement

Utilisez l'objection dans un sens qui vous est favorable :

« Elles ne sont pas valables ; vous avez raison. Elles sont primordiales ! »

Répondez à l'objection par une question :

« Selon vous, pourquoi les dinosaures ont-ils disparu de la surface de la planète ? »

Concession

« Je vous accorde que ces changements peuvent paraître un peu précipités, mais ils sont un passage obligé car... »

Renvoi

Demandez à votre interlocuteur de vous accorder le droit de répondre un peu plus tard. Cela vous permet de disposer du temps nécessaire pour préparer mentalement votre réponse :

« Votre remarque est intéressante, mais permettez-moi d'y revenir un peu plus tard car je souhaiterais conclure sur ce premier point... »

Correction

Si vous jugez que votre interlocuteur déforme votre pensée – de façon consciente ou non, contestez son objection et reprécisez votre propos.

Rappel à la réalité

Si vous estimez que l'objection de votre interlocuteur n'est pas réaliste, utilisez des exemples concrets, des chiffres, pour le mettre au pied du mur.

Gérer les comportements difficiles

La régulation des dysfonctionnements qui peuvent apparaître incombe au premier chef à l'animateur puisqu'il est théoriquement le principal garant des règles du groupe. Il faut toutefois souligner que dans bon nombre de situations, il n'apparaît pas souhaitable que l'animateur entre en conflit avec les participants ou s'engage personnellement dans les hostilités.

Chaque fois que vous êtes confronté à une difficulté dans un groupe, efforcez-vous tout d'abord d'identifier le sens profond du problème : en étant attentif au *feed-back*, en faisant preuve d'écoute, en favorisant le dialogue, et cela avant toute intervention de votre part. Demandez-vous également si la structure de l'organisation ne peut pas être à l'origine du dysfonctionnement et quelle peut être votre part de responsabilité dans celui-ci (*cf.* tableau page suivante).

Réguler les dysfonctionnements

Parce qu'ils sont souvent source d'anxiété voire de fantasme, nous hésitons à affronter les dysfonctionnements et les conflits de manière franche et directe. Nous préférons souvent attendre que les choses s'apaisent naturellement, que les autres prennent conscience du problème et le résolvent de leur propre chef. Une telle attitude ne donne jamais de bons résultats. La difficulté est là, il ne sert à rien d'adopter la politique de l'autruche, il faut agir. Détectez les attitudes négatives en étant attentif au *feed-back*. Posez-vous ensuite les questions suivantes :

- Pourquoi cette personne adopte-t-elle ce type de conduite au sein du groupe ?
- Cette conduite répond-elle à des intérêts personnels ou aux besoins du groupe ?
- Quelle peut être la signification de ce comportement par rapport à moi, animateur ?

Le symptôme	L'identification du problème	Les interventions possibles
Un individu s'empare de la parole au nom du groupe.	– Il tente d'influencer ou de faire réagir les membres du groupe. – Il veut prendre la place du leader. – Il tente de créer une faction.	– Recadrer ses propos : ce qu'il dit traduit son jugement personnel et non une réalité objective. – Demander aux membres du groupe d'exprimer leurs sentiments sur la question.
Des membres du groupe entrent en conflit.	– Ils sont en désaccord sur des besoins ou sur des valeurs. – Ils n'acceptent pas le rôle qui leur est assigné par les autres. – Ils ont un problème de traduction avec les messages qu'ils échangent.	– Permettre aux uns et aux autres d'exprimer ce qu'ils ressentent. – Rappeler les règles collectives. – Assurer la protection des individus.
Un participant sabote systématiquement le travail collectif.	– Il cherche à se marginaliser. – Il n'accepte pas les valeurs du groupe. – Il exprime sa volonté de vous faire réagir.	– Rappeler les objectifs et la tâche à accomplir. – Demander à la personne d'expliciter son comportement. – Interroger le groupe.
Un participant fait visiblement tout son possible pour vous « couler ».	– Il ne vous reconnaît pas dans votre rôle. – Il cherche à déstabiliser le groupe.	– Proposer une pause et s'entretenir en tête à tête avec cette personne pour clarifier les choses.
Les membres du groupe restent passifs.	– Ils ne se sentent pas à leur place. – Ils ont peur d'être jugés. – Ils n'adhèrent pas au travail proposé ou à l'objectif annoncé. – Le groupe manque de maturité.	– Ne pas agresser verbalement les participants. – Mettre le groupe en confiance. – Expliquer, encourager. – Attendre que les liens groupaux s'établissent.

En fonction de votre analyse, choisissez l'un des moyens d'action suivants :

• Présentez calmement, sans agressivité, le problème à l'ensemble des membres du groupe et demandez-leur comment, selon eux, y remédier.

« Je constate que depuis trois semaines la moitié des membres de l'équipe n'assiste plus aux réunions. Je n'ai, pour ma part, pas d'explication à cette situation. Pourriez-vous éclairer ma chandelle ? »

• Regardez le participant dont la conduite pose problème. Décrivez-lui son comportement. Faites-lui part de votre ressenti en toute sérénité et signalez-lui ce que vous souhaiteriez voir changer dans son attitude. Faites apparaître vos besoins. Si nécessaire, proposez des solutions :

« M. Petit, depuis le début de la séance, vous ironisez de façon systématique chaque fois que j'énonce une nouvelle proposition. Votre attitude m'affecte personnellement. J'ai besoin de poursuivre mon intervention en dehors de toute tension. C'est pourquoi je vous invite à cesser ce comportement. »

• Regardez la personne mise en cause. Décrivez-lui son comportement. Dites-lui comment vous l'interprétez. Demandez-lui si elle confirme votre vision des choses.

« Vous froncez les sourcils depuis un quart d'heure. J'ai l'impression que vous ne comprenez pas la nouvelle orientation que je propose. Est-ce bien cela ? » »

• Si l'agression est patente, ne vous laissez pas marcher sur les pieds : remettez votre agresseur à sa place, ou bien suspendez la séance pour régler le différend en tête à tête.

« J'interprète votre comportement comme un signe d'impolitesse à mon égard. Je souhaite que nous en discutions juste après la réunion. »

• Enfin, dernier conseil : ne vous éternisez pas sur le problème et continuez votre intervention !

La communication consciente

Dans la pensée occidentale, nous confondons souvent le conflit avec la violence, or tous les conflits ne conduisent pas à la violence. Nous pensons que le conflit dénonce nos failles, nos faiblesses, nos insuffisances : difficultés à communiquer, à s'entendre, à accepter nos émotions. C'est sans doute ce qui explique que nous redoutions les conflits. Nous avons peur des sentiments négatifs qu'ils provoquent et nous les dramatisons. Parfois aussi, le conflit nous remet en cause personnellement face au groupe. « Et si je n'avais pas totalement raison, et si les autres n'avaient pas entièrement tort ? » La plupart du temps, nous campons dans l'adversité. Et plus nous avançons dans le conflit, plus nous nous persuadons du bien-fondé de nos arguments, plus nous attribuons aux autres la responsabilité du problème. Nos comportements deviennent alors de plus en plus rigides et inefficaces.

Dans la pensée orientale, le conflit est conçu comme un danger, mais aussi comme une source potentielle de richesses et ces deux visions sont indissociables. Les conflits peuvent devenir salutaires quand ils nous permettent de redéfinir la relation avec les autres sur de nouvelles bases, lorsqu'ils ouvrent la voie au changement, à de nouvelles façons d'être ensemble. Ils enrichissent la communication parce qu'ils nous permettent de coopérer, de rechercher ensemble des solutions à notre différend et de nous sentir satisfaits d'avoir su avancer dans cette direction. S'il ne nous détruit pas, le conflit nous rend plus forts !

Tous les conflits ont un sens et une fonction

Tous les conflits ont un sens : ils veulent dire quelque chose, ils nous apportent une information sur l'état relationnel du groupe, ils nous indiquent un problème, une divergence de points de vue, un positionnement. Mais les conflits ont aussi une fonction : par le simple fait d'apparaître, ils constituent déjà un début de solution, ils appellent un passage à l'action.

Favoriser le dialogue non violent pour résoudre le conflit

Un cadre : le respect

Vous veillerez à éviter les mots qui blessent, les critiques qui mettent l'autre dans une position défensive et bloquent son écoute, ainsi que tout ce qui est de l'ordre du sarcasme, du mépris, de l'humiliation. Toutes ces attitudes perturbent la recherche d'une solution acceptable.

Une bonne qualité d'écoute est également indispensable pour que chacun puisse aller jusqu'au bout de l'expression de sa position, sans être interrompu ou discrédité ; qu'il puisse se sentir entendu par les autres. Il faut accepter d'écouter et de reconnaître les opinions divergentes, même si cela n'est pas facile pour vous. Il est également important que lors d'un conflit, les émotions s'expriment. Elles montrent que vous êtes sincère, humain et que vous défendez les idées auxquelles vous croyez. C'est cette expression des émotions et des besoins auxquels elles sont reliées qui va permettre la résolution du différend.

La communication non violente

Communiquer sans violence consiste à ne pas juger ce que l'autre dit ou fait, mais à porter une attention particulière sur ce que vous ressentez et à faire apparaître vos besoins, sans tenir les autres pour responsables des problèmes que vous rencontrez. Le processus fonctionne en quatre temps :

1. Observer des faits

2. Exprimer un ressenti

3. Rattacher ce ressenti à un besoin insatisfait

4. Formuler une demande

195

1. Observer

Examinez la situation de la manière la plus objective et la plus sincère possible. Ne portez aucun jugement, aucune critique, aucune analyse. Il s'agit simplement d'être attentif à la situation et d'observer. Que se passe-t-il ? Qui a fait quoi ? Où ? Quand ? Comment ? De quelle manière ?

2. Exprimer un ressenti

Votre ressenti exprime le degré de satisfaction ou d'insatisfaction de vos besoins. Il vous appartient et les autres ne sont en aucun cas responsables de ce que vous ressentez. Ils ne sont pas dépositaires de vos émotions et de vos sentiments. Ils peuvent les déclencher, mais non en être la cause.

3. Relier son ressenti à un besoin

En analysant les besoins personnels qui sont reliés à vos émotions, vous concentrez votre attention sur la situation qui pose problème, sans extrapoler, interpréter, prêter de mauvaises intentions aux autres ou chercher à les contraindre de façon autoritaire.

4. Formuler une demande

Le message doit être clair, net, précis et sans appréciation personnelle. Attention, une vraie demande n'est ni un ordre, ni une exigence. Elle n'est pas entachée par une menace ou une imposition.

Exercice : Portable en réunion

Vous animez une réunion et, malgré votre demande initiale de couper les portables, le téléphone d'un participant sonne à deux reprises. En respectant le processus de la communication non violente, de quelle manière lui exprimeriez-vous votre mécontentement ?
1. Observer des faits : ....
2. Exprimer un ressenti : ....
3. Rattacher ce ressenti à un besoin insatisfait : ....
4. Formuler une demande : ....

Solution

1. Au cours de la réunion de ce matin, votre téléphone portable a sonné à deux reprises.
2. Je me sens contrarié,
3. parce que j'ai besoin de me concentrer pendant mes interventions.
4. Je vous demande, à l'avenir, de respecter ma consigne de couper les portables pendant les réunions que j'anime.

N'OUBLIEZ PAS !

- En cas de conflit.
- Ne pas juger ni cataloguer les personnes.
- Assumer notre part de responsabilité dans le conflit.
- Être attentif à ce que nous ressentons.
- Faire apparaître nos besoins.
- Servir de guide à l'autre pour l'aider dans la démarche de résolution de conflit.

Décoder les conduites excessives

Pour comprendre ce qui se passe dans un groupe, notamment dans des situations difficiles, il peut être utile de connaître ce qui commande, en amont, certains types de réactions.

Les situations décrites ci-après présentent trois modes de fonctionnement excessifs.

Souvenirs, souvenirs !

Serge éprouve un sentiment de crainte lorsqu'il doit assister à une réunion animée par M. Dupuis, son patron. Il faut dire que ce dernier ne mâche pas ses mots et qu'il utilise, en public, des procédés vexatoires envers ses subordonnés, avec un plaisir sadique. Serge en a fait les frais à plusieurs reprises. Depuis, il se dit angoissé par le simple fait d'entrer dans une salle de réunion.

À la suite du départ en retraite de M. Dupuis, un jeune ingénieur, flegmatique et fort respectueux des personnes, a repris la tête de l'entreprise. Mais pour Serge, les choses n'ont pas changé. Le sentiment de crainte et les comportements qui y sont associés demeurent chaque fois qu'il s'agit de participer à une réunion.

⇒ **Analyse**

Il ne fait aucun doute que, derrière le jeune ingénieur, Serge voit se profiler le spectre de M. Dupuis. Serge a généralisé une expérience négative qui influence désormais ses comportements et ses sentiments. Lorsque vous êtes, vous-même, victime de vos souvenirs et des sentiments qui y sont rattachés, le mieux est de prendre conscience de ces « liaisons dangereuses » qui peuvent survenir entre des expériences passées malheureuses et la situation présente.

De même, dites-vous bien qu'une personne qui adopte des réponses décalées par rapport à la réalité présente ne le fait pas forcément par esprit de contradiction ou pour faire preuve d'originalité. Il se peut que ses souvenirs remontent en surface… Inutile de monter sur vos grands chevaux ! Tout au contraire, usez de votre tact et de votre bienveillance pour temporiser et recadrer la situation.

Trop c'est trop !

En fin d'après-midi, Martine doit faire avaliser, par les cadres dirigeants de son entreprise, le projet qu'elle a conduit. Mais il y a des jours où, véritablement, tout semble aller de travers ! Dans la nuit, le petit dernier a fait une poussée de fièvre. Comble de malchance, les médicaments nécessaires manquent à l'appel dans le stock familial. Avant de se rendre au bureau, Martine doit courir à la pharmacie. Mais au moment de partir, elle s'aperçoit qu'elle a égaré les clés de sa voiture. Elle arrive en retard au travail et, pour couronner le tout, apprend que sa secrétaire est tombée malade et que personne ne pourra la remplacer dans l'immédiat. Pourtant un dossier urgent doit partir au courrier le soir même ! Après une journée « d'enfer », entre les coups de téléphone et la saisie du dossier (elle a une sainte horreur de taper sur un clavier d'ordinateur), Martine présente son projet dans la salle de réunion.

La première remarque qui lui est adressée à propos de son projet ne comporte aucune intention malveillante, mais c'est la goutte d'eau qui fait déborder le vase. Martine entre dans une colère excessive et claque la porte devant des interlocuteurs complètement ahuris.

➡ **Analyse**

Les transactionnalistes appellent ce type de comportement des « timbres », en référence aux cartes de fidélité distribuées par certains commerçants sur lesquelles on colle des timbres pour obtenir un cadeau lorsque la carte est complète. Martine a passé sa journée à « coller des timbres », sans exprimer ses émotions au coup par coup.

D'une manière générale, si vous avez tendance à laisser monter la pression, imposez-vous des « soupapes » pour garder le contrôle de vous-même et libérer vos émotions.

Lorsque l'un des membres du groupe que vous animez adopte des comportements excessifs, sans doute est-il lui aussi sous l'emprise d'une collection d'émotions contenues. Ne considérez pas forcément ces conduites comme des attaques dirigées contre vous et restez zen !

Voici l'heure de votre émotion préférée !

Mme Gouttenoire est IEN (inspecteur de l'Éducation nationale). Elle se considère comme une femme à poigne, aussi dure avec elle-même qu'avec les autres. D'ailleurs, dans sa circonscription, sa réputation est faite depuis belle lurette auprès des enseignants ! Mais Mme Gouttenoire est satisfaite de ce « rôle en boîte » qui présente l'avantage d'être utilisable dans toutes les situations et qui a le mérite de ne plus surprendre personne.

Lorsqu'elle anime des conférences pédagogiques, Mme Gouttenoire sait pertinemment quels seront les comportements des enseignants. Il n'y a pas de surprise !

➡ **Analyse**

Le problème, c'est que Mme Gouttenoire se réfugie dans un rôle de prédilection qui définit par avance la nature des relations qu'elle entretient avec les autres et qui coupe court à tout échange authentique et à toute créativité. Il existe d'autres manières de faire valoir son autorité. En agissant de cette façon, Mme Gouttenoire pratique ce que les transactionnalistes appellent un « racket », parce qu'elle impose aux autres un certain modèle de communication qui correspond à sa vision du monde. Ce comportement parasite la réception, l'acceptation et l'interprétation du message. Il détermine, en retour, des comportements négatifs qui aboutissent soit à une escalade contestataire, soit à la soumission, soit encore à la passivité.

Prendre conscience des effets négatifs d'un tel comportement et trouver des solutions de substitution plus adaptées à la situation sont, encore une fois, des pistes à explorer pour sortir de l'impasse.

Face à des participants qui s'enferment dans un type de conduite, dans un rôle privilégié, et à condition d'avoir la certitude que le remède ne sera pas pire que le mal, on peut parfois utiliser de manière efficace ce que les pragmaticiens de Palo Alto appellent « la prescription du symptôme ».

Cette pratique consiste à renforcer cette personne dans son comportement pour lui faire prendre conscience du décalage qui existe entre sa façon d'être et d'agir et la situation telle qu'elle est, ici et maintenant.

Ces trois modes de fonctionnement peuvent se combiner pour former une chaîne de sentiments négatifs de plus en plus forts : je vis une expérience négativement parce qu'elle me rappelle une situation passée ; je me refuse à libérer mon émotion mais je l'ajoute à ma collection ; comme je dois quand même, d'une manière ou d'une autre, faire face émotionnellement à cette situation, j'utilise mon rôle de prédilection, etc.

Résoudre les conflits

Définition

Le mot conflit vient du latin *conflictus*, qui signifie choc. Il y a conflit lorsque plusieurs personnes ou plusieurs groupes sont en désaccord sur des besoins (« J'ai besoin que chacun d'entre vous respecte la liberté d'opinion et d'expression des autres pour pouvoir conduire mon débat dans le calme »), sur des valeurs (« Notre association a pour valeur la tolérance, nous ne pouvons accepter le rejet ou l'intolérance ») ou sur des rôles, lorsque les attentes des uns ne sont pas en accord avec les attitudes et les comportements des autres[1].

---

1. Voir Ch. CARRÉ, *Sortir des conflits*, Paris, Eyrolles, 2010.

Types de conflits

Il existe trois types de conflits :

- les conflits intérieurs, également appelés conflits psychiques ;
- les conflits interpersonnels, qui opposent des individus dont les intérêts divergent ;
- les conflits organisationnels, qui relèvent davantage des groupes ou des institutions.

Le conflit survient lorsque les limites de ce qui est acceptable pour une personne ou un groupe ne correspondent pas à celles d'une autre personne ou d'un autre groupe.

Cette définition fait apparaître un point important : il est beaucoup plus facile d'arbitrer les conflits de besoins que les conflits de valeurs. Pourquoi ? Parce que si nous pouvons, par la négociation, trouver un accord sur des solutions pour satisfaire nos besoins réciproques, il est en revanche beaucoup plus complexe de recueillir un consensus au niveau des valeurs. Les valeurs sont le « noyau dur » de vérité auquel nous nous référons. Elles représentent ce qui est important pour nous et font figure d'un système de normes idéales. Chaque individu a ses propres valeurs qu'il range selon des priorités qui lui sont tout à fait personnelles. Pour certaines personnes, par exemple, le professionnalisme est une valeur qui passe avant la réputation, pour d'autres, ce sera le contraire. Cependant, il est assez fréquent que ce qui peut être interprété comme un conflit de valeurs ne soit, en réalité, qu'un conflit de besoins.

À VOUS DE JOUER !

- Mettez-vous en situation d'écoute.
- Essayez de faire preuve de perspicacité ; soyez intuitif et surveillez le *feed-back* avec vigilance.

Si un conflit commence à se développer dans le groupe ou entre le groupe et vous-même, avec l'expérience, il serait surprenant que vous n'arriviez pas à le percevoir.

Quelle attitude adopter ?

Certaines personnes ont tendance à intervenir de façon trop tardive. Ou bien parce qu'elles veulent avoir la certitude qu'elles sont réellement en présence d'un conflit, ou bien parce qu'elles ont peur de passer à l'action et s'imaginent que le problème va se régler de lui-même. Les constats sont là : ce comportement n'est quasiment jamais un choix judicieux. Pour éviter que le conflit ne s'envenime et que votre autorité ne soit remise en cause, agissez sans attendre. N'attendez pas pour faire émerger le désaccord et construire collectivement des solutions.

Il est évidemment compréhensible que vous puissiez être embarrassé, voire mal à l'aise face au conflit. Vous êtes seul, face à un groupe, et il est possible que vous viviez la situation conflictuelle comme un danger. D'autant qu'elle va remettre en question vos propres grilles de référence et la nature des relations que vous entretenez avec le groupe. Cela est encore plus vrai si vous êtes directement impliqué dans le conflit !

Antoine se braque...

Antoine est professeur d'action commerciale dans un IUT. En cours d'année, un conflit l'oppose à ses étudiants qui font corps pour lui reprocher, avec véhémence, son système d'évaluation.

« Je savais que ma façon de noter ne faisait pas l'unanimité. Je pensais que les remarques à mots couverts qui m'étaient adressées de temps à autre n'étaient le fait que d'une poignée d'élèves qui font de la contestation un jeu d'opposition presque sympathique. Mais constater que tous emboîtaient le pas aux *leaders* m'a complètement déconcerté. Sur le coup, je me suis senti personnellement agressé et j'ai réagi violemment en refusant de changer quoi que ce soit à ma façon de faire. J'ai même conseillé aux élèves mécontents d'aller préparer leur BTS ailleurs. L'affaire est remontée au chef d'établissement qui m'a demandé de mettre de l'eau dans mon vin. J'ai dû négocier avec les étudiants, mais pour tout vous avouer, j'ai laissé quelques plumes au passage ! »

➡ **Analyse**

L'autorité d'Antoine a évidemment souffert du fait qu'il a laissé pourrir une situation en la minimisant. Il s'est ensuite enfermé dans une position catégorique qui ne laissait aucune place à la négociation et à la recherche de points d'accord.

Si vous êtes confronté à ce type de situation, efforcez-vous d'exprimer votre vision des choses, votre objectif et vos besoins de façon naturelle, calme et confiante. Maîtrisez votre réactivité, affirmez vos convictions en utilisant le « je ». Acceptez les remarques et les observations des membres du groupe en vous mettant à leur place et en essayant de comprendre quels sont leurs besoins.

Les erreurs à éviter	Les phrases clés
Fuir le conflit.	« Je préfère éviter les problèmes. »
Utiliser votre pouvoir.	« À partir de maintenant, je ne veux plus entendre parler de cette histoire. Suis-je assez clair ? »
Être laxiste.	« Débrouillez-vous avec vos difficultés et faites-moi signe quand vous en aurez terminé ! »
Minimiser le conflit.	« On ne va pas dramatiser ; on verra ça un peu plus tard ! »
Manipuler.	« C'est à vous de voir, mais si les choses continuent à s'envenimer, vous pourriez avoir de mauvaises surprises. »
Marchander.	« Alors voilà ce qu'on va faire : OK, j'accepte de céder sur ton dernier point, mais en échange, tu donnes un coup de pouce à mon projet. » Ça marche ?

Comment négocier des solutions ?

La négociation est à la fois un processus de changement et une situation de communication. La négociation est donc un processus d'influence. Elle consiste à rechercher un accord à partir de positions apparemment antagonistes en évitant l'affrontement violent et en orientant la relation vers une satisfaction mutuelle des besoins. Pour cela, il est important que chacun des protagonistes trouve un juste milieu entre l'affirmation et l'écoute. Si je suis en excès d'affirmation, j'ai tendance à imposer mon opinion ; si je suis en excès d'écoute, je risque de perdre de vue mon objectif.

La négociation prendra des tours différents selon que l'intervenant est ou non impliqué, de manière directe ou indirecte, dans le conflit.

Toute négociation correctement menée respecte, en principe, une démarche en sept points.

Définir clairement ses objectifs

Il semble difficile de s'engager dans une négociation sans avoir répondu, au préalable, à cinq questions :

- Quel est le contexte dans lequel intervient la négociation ?
- Qu'est-ce que j'attends de l'échange ?
- Que suis-je prêt à accepter ?
- Quels sont les points sur lesquels aucun renoncement n'est possible ?
- Quelles sont les solutions les plus acceptables pour l'ensemble des parties concernées ?

Accepter le fait qu'une entente est possible

Parce qu'elle est fondée sur le rapport et la responsabilisation des individus plutôt que sur une tactique unilatérale et perverse qui viserait à « limiter les dégâts » au maximum, la négociation nécessite d'avoir une bonne connaissance des parties en présence. Qui sont les gens avec qui vous allez négocier ? Qu'est-ce qui est acceptable pour eux ? À quelles contraintes sont-ils soumis ? Si vous négociez, par exemple, une diminution des horaires de travail assortie d'une baisse des salaires avec des salariés qui n'ont que de faibles ressources économiques, il est évident qu'aucune issue ne sera possible.

Si vous avez la conviction qu'un accord est possible, faites-la partager à vos interlocuteurs et donnez-leur l'envie d'entrer dans la négociation en faisant apparaître ce qu'il y aura, pour les uns et les autres, à retirer de positif du changement.

Créer un climat favorable

Le face-à-face est le principe fondateur de la négociation. Il est donc nécessaire de créer de bonnes conditions pour la rencontre : accueillir les participants, créer un climat de confiance et de sécurité pour que chacun puisse s'exprimer comme il le désire, sans avoir à craindre d'être mis en danger par les autres. Proposez quelques règles simples pour faciliter la communication : respect de la personne et des propos d'autrui, répartition équitable du temps de parole, etc.

Poser le problème

Resituez le conflit dans son contexte en rappelant la situation antérieure et en soulignant en quoi il est souhaitable de trouver des solutions pour engager un changement négocié collectivement. Soyez simple et concis dans votre présentation. Éventuellement, proposez un objectif à atteindre pour le groupe ; par exemple : trouver une solution acceptable pour les protagonistes avant la fin de la réunion. Une négociation peut aussi nécessiter plusieurs rencontres. En effet, il est parfois souhaitable de laisser décanter les choses pour trouver la meilleure issue.

Échanger

Entre le marchandage et la négociation, la frontière n'est pas toujours très nette. La distinction repose principalement sur la prise en compte des besoins et des attentes d'autrui. Le marchandage s'apparente à une tractation dans laquelle chacun essaie de tirer son épingle du jeu sans se préoccuper des objectifs et des intérêts de l'autre. « Je te donne ceci en échange de cela ! »

En revanche, la négociation est plus coopérative parce que les protagonistes participent, ensemble, en s'écoutant et en se positionnant, à la résolution du conflit.

La phase d'échange est essentielle dans la négociation : chacun fait valoir sa position personnelle et ses besoins ; les points de désaccord apparaissent au grand jour. C'est le moment clé pendant lequel il est conseillé :

• d'affirmer calmement et clairement son opinion ;

• d'argumenter au bon moment ;

• d'être à l'écoute de ses interlocuteurs pour bien comprendre leurs désirs et leurs craintes ;

- d'essayer de repérer leur stratégie ;
- de poser des questions ; de rester en prise avec la réalité ;
- de pratiquer la reformulation pour être sûr d'avoir bien compris. Cependant, la reformulation doit être utilisée avec doigté : à certains moments, il est préférable de ne pas reprendre ce qui vient d'être dit pour éviter les digressions ou déjouer les manœuvres de la partie adverse.

Trouver un terrain d'entente

Que faire pour mettre en actes le changement ? La prise de décision est une phase stratégique de la négociation parce qu'elle doit remporter l'adhésion de tous les participants. Traduisez les orientations choisies en termes clairs et concrets : à partir de maintenant, qui va faire quoi, où, quand (dans quels délais) et comment ?

Mesurer les conséquences

Interrogez-vous avec le groupe sur les répercussions produites par cet accord. Comment savoir que la solution choisie était une bonne solution ? À quelles conditions serons-nous satisfaits d'avoir pris cette décision ?

N'OUBLIEZ PAS !

- Une négociation réussie n'a ni perdant ni gagnant. Ce n'est que lorsqu'elle se traduit concrètement par des actes de part et d'autre que l'on peut savoir que la négociation a réussi.
- Comprendre les autres et être compris par eux, adapter son message à ce qu'ils sont en mesure d'entendre, sans ignorer que certains obstacles peuvent interférer dans la communication sont des savoir-faire indispensables pour qui veut enrichir son expérience dans l'animation de groupe.

> ■ Prendre la parole, c'est souvent prendre le pouvoir. Mais si l'exercice de ce pouvoir doit conduire à la révolte ou à la soumission, cela met sérieusement en doute la qualité de l'animation !

SOLUTIONS DES EXERCICES DU CHAPITRE 9

Testez votre assertivité – Exercice p. 186

Ces associations correspondent aux attitudes les plus assertives : 1. a ; 2. c ; 3. b ; 4. b

Si vous avez répondu correctement, vous savez être à l'écoute des personnes sans culpabiliser ou faire preuve d'agressivité, mais lorsque la situation l'impose vous savez aussi exprimer clairement vos besoins. Vous acceptez les critiques pourvu qu'elles soient fondées. Vous ne réglez pas personnellement les problèmes qui concernent le groupe dans son ensemble. Ces comportements dénotent une attitude assertive.

À CHAQUE SITUATION
SA STRATÉGIE

La quatrième partie de cet ouvrage aborde la communication avec un groupe sous un angle plus technique, en apportant des conseils spécifiques pour intervenir dans différents types de situations. Les recommandations qui sont faites ici n'ont aucune valeur définitive, mais elles peuvent vous servir à préparer le terrain. Elles ne sont, en effet, ni un début ni une fin. Et il n'existe en la matière aucune recette infaillible.

Peut-être découvrirez-vous des procédures personnelles pour animer un groupe qui vous conviendront mieux que celles qui sont proposées dans ce livre parce qu'elles sont plus adaptées à votre personnage, à votre public et au contexte de la communication. À vous de voir ! L'essentiel étant de rester vous-même en toutes circonstances.

Le chapitre 10 est consacré aux interventions qui sont plutôt destinées à transmettre des informations aux membres du groupe. Cela ne signifie pas que la communication fonctionne à ce moment-là à sens unique et que l'on puisse se passer, par exemple, de tenir compte du *feed-back*. Vous n'êtes pas une machine. Dès lors que vous vous trouvez face à un groupe, vous ne pouvez pas fonctionner comme un simple émetteur radio tout simplement parce que votre public va vous renvoyer des informations auxquelles vous ne pouvez pas ne pas être sensible d'une manière ou d'une autre.

Le chapitre 11 est consacré aux interventions qui sont destinées à susciter l'échange et la participation des membres du groupe. Cette fois, la communication prend toute sa dimension et, à titre d'intervenant, vous êtes totalement « lié » aux participants.

Chapitre 10

Transmettre des informations

La lecture

La lecture d'un texte en public, document en main, est un exercice diffi-cile parce qu'il est presque « contre nature ». Il peut cependant se révéler utile dans les cas suivants :

- vous n'avez pas le temps de préparer suffisamment votre intervention ou vous maîtrisez mal votre sujet ;
- vous manquez de confiance en vous et la présence du texte, sa linéarité proche du fil de la parole, vous rassurent.

Écrire pour être entendu

Vous n'écrivez pas un texte pour qu'il soit lu par les récepteurs, mais pour qu'il soit entendu et compris. Il s'agit donc de sortir de la logique habituelle de l'écrit pour tendre vers la chaleur de l'expression orale.

Impliquez votre public dans le texte, par exemple en vous adressant directement à lui.

N'hésitez pas à casser le rythme du texte pour susciter l'attention ou émouvoir vos auditeurs.

Lorsque vous écrivez votre discours, essayez de visualiser la situation, les effets produits sur le public.

211

Faciliter la lecture

Vous pouvez agrandir votre texte au photocopieur ou employer un corps de caractère suffisamment important pour être lisible sans avoir à coller le nez sur la feuille. Par exemple, un corps 18 en Helvetica convient bien.

Utilisez un double interlignage et laissez le texte en drapeau à droite, pour éviter de vous perdre dans les lignes.

Laissez une marge suffisante, à gauche ou à droite, pour tenir votre papier.

N'inscrivez rien au verso.

N'oubliez pas de numéroter vos feuillets.

Vous pouvez présenter votre texte avec des retours à la ligne à chaque groupe de souffle et/ou employer les symboles de couleur de votre choix pour noter les éléments suivants :

- les pauses courtes (par exemple /) ;
- les pauses plus longues (par exemple //) ;
- les reprises de souffle (0) ;
- les respirations complètes (00) ;
- les variations de débit (l pour lent, r pour rapide, i pour insistant, etc.) et de ton.

Regarder le public

Regardez votre public ! Ce conseil est peut-être un peu expéditif mais débrouillez-vous comme vous voulez pour lire votre texte tout en regardant votre auditoire !

Nous avons souligné le rôle déterminant que joue le regard dans la relation avec le public. Le regard est le premier sens qui vous lie aux membres du groupe. Avant toute autre chose, ils vous voient, vous observent, et cherchent à établir une communication avec vous à travers votre propre regard. Si vous ne les regardez pas, ils auront le sentiment que leur présence vous est inutile, que vous les méprisez.

Être expressif

Évitez de lire votre texte trop vite, comme si vous étiez pressé d'en finir, ou trop lentement. Essayez de trouver la bonne cadence pour être compréhensible sans devenir soporifique.

Dispensez votre public d'une lecture du style traducteur automatique, monocorde et ennuyeuse, mais n'en faites pas trop non plus dans l'emphase et le déclamatoire. À moins que vous ne souhaitiez surprendre ou amuser la galerie avec de telles pratiques !

Nuancez votre lecture en fonction de ce que vous avez à dire : le ton doit être adapté à la circonstance et au message lui-même.

L'allocution

L'allocution est un discours assez bref qui dure rarement plus de quinze minutes. Il est prononcé par une personne « autorisée », dans certaines circonstances : départ à la retraite, remise d'un prix, d'un trophée, d'un diplôme, d'une décoration, promotion, reconnaissance d'un exploit sportif, pose d'une « première pierre », accueil de personnalités, etc.

Enquêter au préalable

Avant toute chose, il est indispensable de savoir de qui ou de quoi l'on va parler. Faites donc l'inventaire des renseignements dont vous disposez, menez votre enquête et passez quelques coups de téléphone pour recueillir des anecdotes, des détails amusants qui rendront votre allocution vivante et retiendront l'attention de votre public.

ANIMER UN GROUPE

Déjà dit...

« Bon ben voilà, je voulais juste dire que j'avais été très heureux d'avoir M. Taupin comme collaborateur. Son départ est une perte immense pour notre service, mais je crois qu'il a bien mérité de prendre un peu de repos après tant d'années passées dans nos murs. Je pense que, de son côté, il a vécu aussi de bons moments parmi nous. M. Taupin, au nom de toute l'équipe, je me dois de vous remercier pour votre travail et je vous souhaite une bonne retraite. Voilà... c'est tout. »

Si vous intervenez dans une assemblée où chacun y va de son petit discours, il serait peut-être intéressant d'éviter les redites en vous démarquant des platitudes traditionnelles qui sont le lot de ce genre d'intervention. Certaines personnes maîtrisent suffisamment l'art de l'improvisation pour arriver tranquillement, avec pour tout bagage deux ou trois idées intéressantes. Elles disposent d'un atout majeur : la possibilité de pas répéter ce qui vient d'être dit et d'adapter leurs propos à l'ambiance générale. Toutefois, si vous n'avez pas l'habitude de ce type d'exercice, il vaut mieux préparer votre intervention.

À VOUS DE JOUER !

Des idées pour parler de quelqu'un...
- Évoquez des souvenirs communs marquants ou drôles.
- Racontez son parcours personnel ou professionnel.
- Préparez un discours en boucle, par exemple en démarrant sur une anecdote qui peut paraître incongrue, mais qui prendra toute sa dimension à la fin de l'allocution.
- Brossez son portrait de manière amusante : si c'était un arbre, ce serait un... ; si c'était une qualité, ce serait..., etc.

Avoir de l'à-propos

Dans le corps de votre allocution, il vaut mieux éviter les auto-congratulations : « je me félicite de... », « je me réjouis de... » Les longues démonstrations et les pleins tiroirs de remerciements sont également à proscrire. Au contraire, ayez de l'à-propos et privilégiez les enchaînements vifs et les exemples marquants. Si vos auditeurs ne vous connaissent pas, présentez-vous et annoncez à quel titre vous prenez la parole.

Soyez sincère, souriant, convaincant. À la fin du discours, cédez de bonne grâce aux traditionnelles poignées de main, embrassades, toasts et autres convivialités !

Exercice : Préparez une allocution

Choisissez l'une des situations suivantes et préparez une allocution de quelques minutes sur ce thème (laissez libre cours à votre imagination).
– Un groupe de jeunes cadres étrangers vient visiter votre entreprise, votre patron vous a chargé de les accueillir comme il se doit...
– Vous êtes le maire d'une petite commune, vous procédez à la pose de la première pierre de la nouvelle salle des fêtes, en présence du préfet, du député, etc.
– L'un de vos collaborateurs est appelé à de nouvelles fonctions sur un autre site géographique. Vous lui faites un discours d'adieu...
– Votre grand-mère vient d'avoir cent vingt ans. Vous faites un bref discours devant l'ensemble de la famille et les journalistes de la presse locale.
– M. Renard est un ancien combattant, vous lui remettez la Légion d'honneur...
– Une émission télévisée offre un chèque de 20 000 euros à l'Association de défense des droits des enfants que vous présidez. Vous adressez des remerciements en direct, sur le plateau...

L'intervention au pied levé

Il arrive que l'on soit contraint par les circonstances à prendre la parole devant un groupe alors qu'on ne s'y attend pas. L'absence de préparation donne de la spontanéité et de la sincérité à votre discours, sous réserve que vous ne perdiez pas tous vos moyens devant cette « mise à l'épreuve » un peu précipitée.

Si vous vous sentez stressé par une telle situation, ne baissez pas les bras en vous réfugiant derrière quelque mauvais argument du type : « Ce n'était pas prévu, je n'ai rien à dire. » Respirez profondément et, dans la mesure du possible, souriez. Avancez d'un pas sûr jusqu'à la tribune et regardez votre public droit dans les yeux pendant quelques instants, le temps de trouver votre angle d'attaque.

L'intervention au pied levé nécessite de votre part de la présence d'esprit pour analyser rapidement la situation et « dégripper » votre intuition, ainsi que de l'aisance verbale pour développer une parole fluide.

Exercice : Improvisation

Demandez à un proche d'inscrire entre cinq et dix mots sur un morceau de papier (substantifs, verbes à l'infinitif, adjectifs, adverbes, etc.). Les mots doivent être choisis au hasard et n'avoir aucun rapport de sens direct. Donnez-vous trente secondes pour lire les mots et trouver le fil du discours. Lancez-vous ensuite dans une improvisation à haute voix. Vous devez inventer une histoire dans laquelle vous intégrez tous les mots de la liste soit dans un ordre que vous choisirez librement, soit en respectant l'ordre dans lequel ils sont inscrits (plus difficile). Vous pouvez faire cet exercice devant un miroir. Libérez votre voix et veillez à bien articuler ; faites des pauses ; variez le rythme et les intonations. Laissez vos gestes venir d'eux-mêmes, sans les réprimer. Efforcez-vous de mettre du plaisir et de la conviction dans votre discours.

La conférence

La conférence est un type d'intervention qui peut être caractérisé de façon générique par les points suivants :

- Vous ne connaissez pas les personnes à qui vous allez vous adresser ; leur seul point commun étant d'être, *a priori*, intéressées par le sujet que vous allez traiter. Comment le public a-t-il été informé de votre prestation ? S'est-il acquitté d'un droit d'entrée ? Répond-il à une invitation ?
- Vous ignorez la plupart du temps la taille de votre public : de quelques dizaines à plusieurs centaines de personnes, selon le thème abordé.

© Groupe Eyrolles

- La durée de la conférence est variable : elle se situe en général dans une fourchette de quarante minutes à une heure trente sans compter la durée du débat.
- Votre discours est en principe destiné à transmettre une information ou à parfaire des connaissances sur des questions culturelles, scientifiques, littéraires, etc. ou sur des faits de société.
- Vous disposez d'un statut, d'une légitimité ou d'une responsabilité qui vous autorisent à prendre la parole sur ce thème. C'est ce que l'on appelle aussi votre degré d'expertise.

Être à l'aise avec son sujet

Nous avons vu que l'entrée en scène et la prise de contact avec le public sont des moments déterminants pour la suite de l'intervention. Aussi devrez-vous, en tant que conférencier, être particulièrement attentif à la façon dont vous établissez le rapport avec le groupe.

Vous abordez, en principe, un thème que vous connaissez bien. Efforcez-vous donc de ne pas lire votre texte. Cette pratique pourrait laisser croire que vous ne maîtrisez pas suffisamment votre sujet.

Préparez votre conférence sous forme de fiches en utilisant des arguments, des exemples, inscrits sous forme de mots-clés ou de chiffres.

Travaillez vos enchaînements avec soin. On ne doit pas avoir l'impression, en vous écoutant, que vous procédez à une énumération ou à un inventaire. Votre parole doit être fluide.

En général, quatre ou cinq fiches bristol de format 125 x 200 mm, utilisées uniquement au verso et correctement numérotées sont amplement suffisantes :

- une pour l'introduction ;
- deux ou trois pour le corps de la conférence ;
- une pour la conclusion.

Présentez le sujet dont vous allez parler, situez-le dans son contexte et soulignez son intérêt et/ou son actualité. Indiquez quelle est votre approche sur la question et annoncez le plan de votre conférence.

Animer son discours

Attaquez le développement en étant attentif au *feed-back*. Employez des mots simples, accessibles à l'ensemble du public et si vous utilisez des termes scientifiques ou techniques, précisez-en le sens.

Avant de changer d'idée ou d'argument, résumez rapidement le point précédent et faites une transition avec la suite de votre intervention.

Relancez régulièrement l'attention de vos auditeurs et ponctuez votre discours par l'utilisation de visuels.

Concluez votre intervention de façon dynamique en reprenant rapidement l'ensemble des points que vous avez abordés et ouvrez le débat par une question, une proposition de solution, etc.

Une pause d'une vingtaine de minutes est proposée avant le débat qui n'excède en général pas quarante-cinq minutes.

L'exposé

L'exposé est un développement oral destiné à présenter et à expliquer un sujet déterminé, en tout cas suffisamment précis pour s'inscrire dans une intervention qui n'excède en général pas une cinquantaine de minutes. La moyenne des exposés est de trente minutes environ.

Le but principal de l'exposé est de convaincre l'auditoire ; mais il peut aussi être destiné à :

• développer une thèse, affirmer une opinion ;
• réfuter une thèse, faire valoir une opinion opposée ;
• délivrer une information sur un point précis ;
• attirer l'attention sur un sujet qui pose problème ;
• faire partager des convictions, des engagements ;
• mettre en œuvre une action.

Se préparer

La démarche à suivre pour préparer un exposé peut se résumer ainsi :

* recueil des idées ;
* choix stratégique d'un scénario ;
* localisation des visuels ;
* élaboration de la conclusion ;
* développement de l'exposé ;
* rédaction de l'introduction.

À VOUS DE JOUER !

- Annoncez la structure de votre exposé dans l'intro-duction et inscrivez-la au tableau.
- Gardez en permanence votre objectif à l'esprit.
- Ne lisez pas ou ne récitez pas votre discours, mais jetez un coup d'œil de temps en temps sur vos notes.
- Restez attentif à votre auditoire pour vous assurer que vous êtes bien compris.
- Modérez le débit pour souligner un point impor-tant.
- Respectez le temps de parole annoncé.

Quelques pistes à explorer

* Pour convaincre :
  - Rangez vos arguments par ordre d'intérêt croissant en gardant ceux qui ont l'impact le plus fort pour la fin.
* Pour minimiser le problème :
  - Présentez rapidement les arguments marquants au début du développement en les dédramatisant et en les resituant dans leur

contexte. Insistez ensuite sur les idées que vous souhaitez mettre en avant en soulignant leur intérêt et en multipliant les exemples concrets.

- Pour défendre une opinion :
  - Pour chaque argument, annoncez rapidement la thèse adverse ; réfutez-la ou acceptez des concessions sur des points de détail. Donnez votre point de vue sur la question de façon claire et détaillée. Concluez en reprenant vos arguments.
- Pour retenir l'attention :
  - Inventez une histoire avec des personnages auxquels le public pourra s'identifier. Construisez un scénario dramatique qui mette en scène ces personnages dans des situations qui illustrent vos intentions.
  Ou encore : parsemez votre exposé d'énigmes ou de « points d'interrogation » qui ne prendront leur sens qu'au moment de conclure.
- Pour délivrer une information :
  - Partez de ce que les gens connaissent, de leur vécu, et construisez votre exposé en allant du plus facile au plus complexe.
  Ou bien : partez de l'information principale et rangez les informations suivantes par ordre d'importance décroissant.

Le compte rendu

Les trois types d'interventions présentées ci-après sont des exercices difficiles parce qu'ils supposent que l'intervenant fasse la part des choses entre l'analyse forcément subjective d'une situation et la nécessité d'en rendre compte oralement de façon objective. Exercices d'autant plus délicats que l'intervenant est généralement lui-même impliqué dans l'affaire. Il ne s'agit donc pas de viser l'objectivité absolue – ce qui n'aurait aucun sens – mais de réduire l'écart entre ce que vous avez observé et ressenti et l'interprétation que vous allez en faire. Vaste programme !

Le compte rendu oral

Il est d'une durée évidemment plus courte que les faits qu'il est censé relater ; il est destiné à transmettre, souvent de façon thématique, des éléments d'une situation et d'une action à des personnes qui n'étaient pas physiquement présentes au moment où ces faits se sont produits. Ce terme générique est utilisé pour désigner toutes les manifestations dont on peut avoir à rendre compte : réunion, groupe de travail, comité, conférence, entretien, délégation, etc.

La première difficulté dans la préparation du compte rendu réside donc dans la collecte des informations : comment faire preuve d'ouverture ? Comment montrer une bonne qualité d'écoute ? Comment être attentif à ce qui se passe autour de soi ?

La deuxième difficulté tient à l'interprétation des faits observés : quelle signification leur accorder ? Comment être sûr de ne pas tomber dans le piège du double sens, du malentendu ou de l'équivoque ? Comment faire en sorte de ne pas rester évasif ?

La troisième difficulté relève de la sélection qui va être opérée par l'intervenant sur les informations recueillies : lesquelles conserver ? Pourquoi celle-là plutôt qu'une autre ? Quels sont les thèmes qui doivent ressortir en priorité ? Comment reprendre de façon concise la pensée d'autrui sans la déformer ?

À VOUS DE JOUER !

- Situez rapidement les faits dans leur contexte.
- Pour éviter d'avoir à faire des choix trop subjectifs, conservez l'ordre chronologique des faits dont vous rendez compte.
- Éliminez les idées qui ne vous paraissent pas pertinentes.
- Ne donnez pas votre avis personnel.

> ➤

- ▨ Évitez les sous-entendus, les sourires moqueurs ou les remarques ironiques. Encore une fois, tenez-vous en aux faits !
- ▨ Utilisez les notes relevées au moment de l'action décrite pour préparer votre compte rendu.
- ▨ Ne laissez pas s'écouler trop de temps entre l'observation des faits dont vous avez à rendre compte et la préparation de l'intervention.
- ▨ Si vous avez un doute sur la façon dont il faut interpréter un message, interrogez des personnes présentes au moment des faits et demandez-leur quel est leur point de vue sur la question.
- ▨ Éventuellement, faites-vous préciser le sens du message par son auteur.
- ▨ Soyez honnête dans votre analyse et simple dans votre communication.

Le rapport

Le rapport ne se limite pas à la simple description des faits observés, il propose aussi des solutions. Il implique donc doublement l'intervenant : dans l'analyse d'une situation d'une part, dans la prescription d'une action d'autre part. Le *tempo* du rapport peut se structurer ainsi :

- Ce qui s'est passé ;
- Quel problème cela pose aujourd'hui ;
- Les solutions et actions préconisées pour le futur.

Pour préparer un rapport oral, commencez par examiner le sujet du rapport que l'on vous a commandé ou que vous avez décidé de produire. Recueillez des informations pertinentes, allez sur le terrain et constituez un dossier.

Ensuite, analysez la situation en essayant de trouver des solutions pour répondre au problème qui en découle. Essayez d'avoir une vision globale des choses.

Préparez vos fiches d'intervention sous forme de trames constituées de mots-clés.

Présentez votre rapport en public avec concision, calme et confiance en vous.

Exposez rapidement les faits et soulevez le problème dans votre introduction, en faisant apparaître pourquoi il doit être examiné.

Développez vos arguments et proposez des solutions d'action en indiquant leurs intérêts et leurs modalités de mise en œuvre.

La synthèse

C'est un exercice de pensée convergente : il s'agit d'établir des connexions entre les différentes composantes d'une situation pour faire apparaître les points de confluence et les points d'achoppement afin d'en faire une présentation rapide.

Commencez par analyser le problème et par identifier les différents concepts et idées qui tournent autour de la question à traiter.

Réorganisez ensuite ces informations avec concision autour des idées clés. Faire une synthèse revient à produire un message « concentré » en allant à l'essentiel.

Exercice : Préparez une synthèse

1. Choisissez un article assez long, dans une revue, et lisez-le attentivement.
2. Essayez d'en rendre compte à voix haute, de la façon la plus objective possible, mais sans utiliser de notes.
3. Enregistrez-vous.
4. Relisez l'article et écoutez votre document sonore.
5. Quelles remarques pouvez-vous faire à propos de votre travail ?

Chapitre 11

Échanger des points de vue

Le débat

Le débat est une situation d'échange qui peut poursuivre différents objectifs souvent connexes :
* confronter des points de vue ;
* régler un problème ;
* étudier un cas ;
* négocier des positions ;
* prendre une décision en commun ;
* organiser une discussion, par exemple à la suite d'une conférence.

La mission de l'animateur

Les orientations du débat seront très variables en fonction de la mission exacte de l'animateur : prend-il part à la discussion ou son rôle se limite-t-il à la régulation des échanges ? Dans le même ordre d'idée, le degré d'implication de l'animateur dans le groupe détermine différents comportements de la part des participants : est-il totalement extérieur au groupe ? Dispose-t-il d'une légitimité pour aborder le sujet traité ? Il est important que vous puissiez répondre à ces questions avant de vous engager dans la préparation du débat.

Exercice : Mieux travailler en équipe

Dans les années 1970, le professeur Jay Hall, de l'université du Texas, a proposé ce test de recrutement à la NASA. Vous pouvez l'utiliser dans les groupes que vous animez pour permettre aux participants de comprendre leur propre fonctionnement et celui de leurs pairs, d'apprendre le travail en équipe, de prendre du recul, de maîtriser l'art de l'argumentation.
Distribuez à chacun des participants un exemplaire du texte suivant :

Perdus sur la Lune

Vous êtes astronaute, vous avez pour mission, avec votre vaisseau spatial, de rejoindre une base installée sur la Lune. Mais à la suite d'une panne, vous êtes contraint de vous poser en catastrophe à 200 miles (environ 320 km) de la base, sur la face éclairée de la lune. Votre alunissage se passe mal. Il n'y a aucun blessé, mais les équipements de bord de votre vaisseau sont détruits, à l'exception de vos scaphandres et des quinze objets suivants :
1. Une boîte d'allumettes
2. De la nourriture lyophilisée
3. 50 mètres de corde de Nylon
4. Un parachute en soie
5. Un appareil de chauffage fonctionnant à l'énergie solaire
6. Deux pistolets calibre 45
7. Une caisse de lait en poudre
8. Deux réservoirs de 50 kg d'oxygène chacun
9. Une carte céleste des constellations lunaires
10. Un canot de sauvetage autogonflable
11. Un compas magnétique
12. 25 litres d'eau
13. Une trousse médicale et des seringues hypodermiques
14. Des fusées lumineuses
15. Un émetteur-récepteur FM fonctionnant à l'énergie solaire
La survie de votre équipage dépend de vous. Vous devez, avec lui, rejoindre la base lunaire au plus vite en vous encombrant le moins possible. Votre mission est de classer les quinze objets par ordre de première nécessité. Placez le chiffre 1 en face de l'objet qui vous paraît le plus important, et ainsi de suite, en donnant le numéro 15 à l'objet le moins utile. Pour établir votre classement, tenez compte de deux critères : vous devez...
• assurer la survie des membres du groupe pendant le voyage ;
• garantir le retour à la base.

Dans un premier temps, faites réaliser ce travail individuellement par les membres du groupe, pendant une durée de 30 minutes. Demandez qu'aucun échange verbal n'ait lieu entre les participants.

Dans un deuxième temps, reprenez l'exercice collectivement pendant une durée de 1 h 30. Vous serez l'animateur de ce travail. Votre objectif est de mettre tout le monde d'accord sur une même stratégie et de coopérer afin de proposer un classement qui convienne à tous les participants. Si vous avez pris connaissance des réponses de la p. 241, veillez à ce qu'à aucun moment cela n'influence ou n'oriente le travail du groupe. Votre rôle est de faciliter et de réguler les échanges et de centrer le groupe sur la tâche à accomplir.

Dans un troisième temps, distribuez une copie de la solution de la p. 241 à chaque participant et faites effectuer individuellement le calcul des points. Calculez également le score obtenu par le groupe.

Dans un quatrième temps, procédez à un débriefing collectif : quels enseignements peut-on tirer de cet exercice ? Quelle stratégie a été choisie par le groupe ? De quelle manière les interactions se sont-elles déroulées ? Quel a été le climat de travail ? Comment les désaccords ou les conflits ont-ils été résolus ? Quels sont les participants qui sont peu intervenus ? Et ceux qui ont eu tendance à monopoliser la parole ou à imposer leur avis ? L'animateur a-t-il correctement joué son rôle ? A-t-il tenté d'influencer les participants ?

Commentaire

Lorsqu'il est correctement conduit, cet exercice met en lumière la pertinence des décisions du groupe par rapport aux choix individuels. En règle générale, lorsque les participants jouent le jeu, lorsqu'aucun d'entre eux n'impose de façon radicale ou autoritaire ses propres représentations, lorsque chacun a la possibilité de délivrer les informations dont il dispose à ses pairs, les résultats obtenus par le groupe sont plus appropriés que ceux des individus pris isolément.

Préparation

Il n'est pas toujours facile de préparer un débat, surtout quand on ne connaît pas les participants et que l'on doit aborder un thème de discussion plutôt polémique. D'une manière générale, évitez de vous enfermer dans un style d'animation préconçu. Il vaut mieux savoir faire preuve de souplesse et jongler d'un mode d'animation à l'autre en fonction de la situation. Si vous êtes trop directif avec un groupe timide ou timoré, vous n'obtiendrez pas grand-chose. De même, si vous vous montrez laxiste avec un groupe bavard ou agressif, vous risquez de perdre assez rapidement le contrôle du débat.

Nous avons vu que le contexte environnemental influait de manière importante sur la qualité des échanges et la participation. Renseignez-vous sur la salle dans laquelle vous allez intervenir. Tous les participants

ANIMER UN GROUPE

pourront-ils être accueillis dans de bonnes conditions de confort, d'éclairage et de température ? La disposition des tables et des chaises est-elle propice au dialogue ? Pensez à prévenir les participants une dizaine de jours avant la date du débat.

À VOUS DE JOUER !

- Efforcez-vous d'avoir une bonne connaissance du sujet traité ; surtout si vous participez au débat.
- Ayez en réserve des questions ouvertes et des exemples marquants pour relancer la discussion.
- Faites l'inventaire des points essentiels à traiter mais, pour ne pas être trop autoritaire, ne les inscrivez pas dans un scénario : les choses se passent rarement comme on les a imaginées.
- Préparez-vous mentalement à animer le débat dans de bonnes conditions : calme, détente, confiance, ouverture...

Orchestrer le débat

Que le débat suive une conférence, la projection d'un film ou qu'il démarre séance tenante, ne vous lancez pas tête baissée dans le vif du sujet. Commencez par poser le problème de façon globale et en toute impartialité. Dites quel est le but du débat et quelles seront les règles à respecter par les participants : équilibre du temps de parole, pas d'avis imposé brutalement, nécessité d'un climat d'écoute et de confiance, etc.

Ouvrez ensuite le débat par une question qui ne soit ni trop restrictive, ni trop impliquante pour les participants mais qui permette de « chauffer » le groupe et de le mettre en confiance. Certaines personnes seront ravies de pouvoir prendre la parole dès l'ouverture de la discussion.

Faites preuve d'une grande qualité d'écoute en étant à la fois attentif à la personne qui parle et aux réactions des membres du groupe. Vous pouvez utiliser la reformulation pour susciter la participation des individus les plus réservés ou parce que vous pensez que la réponse de la personne interrogée va enrichir le débat ou l'orienter vers un point que vous souhaitez aborder à ce moment précis de la discussion : « Monsieur pense que... ; est-ce aussi votre avis, Madame ? »

Lorsque vous souhaitez aborder un autre élément du débat, vous pouvez aussi faire la synthèse de ce qui vient d'être dit et adresser une nouvelle question ouverte, au groupe dans sa totalité ou à un participant en particulier.

Soyez attentif au *feed-back* pour surveiller les décrochages ou les phénomènes de lassitude parmi les membres du groupe. Relancez l'attention et la participation sans agressivité. Évitez par exemple les remarques du style : « Je sens que c'est bientôt l'heure de la tisane... » Ou encore : « Si vous n'avez rien à dire, vous le faites très bien ! »

La table ronde

La table ronde, de l'anglais *round table* (« conférence »), regroupe un nombre limité de participants (rarement plus de vingt) qui sont en principe sur un pied d'égalité, en dehors de toute pression hiérarchique. La parole de l'un vaut la parole de l'autre et la table ronde ne s'encombre pas du protocole. Le cercle est d'ailleurs le symbole de l'absence de distinction ou de division.

La pratique de la table ronde est généralement utilisée pour régler des points de litige ou trouver des solutions à des situations qui posent problème pour chacun des participants. Elle conduit donc à une prise de décision qui sera suivie dans les faits par des actions concrètes.

Suivant les cas, un animateur est nommé pour organiser les échanges, ou bien la discussion reste libre. Pour préparer une table ronde, vous pouvez vous inspirer de ce qui a été vu concernant l'animation d'un débat.

À VOUS DE JOUER !

- Adaptez votre style d'animation à la nature et à la taille du groupe.
- Essayez de ne pas imposer votre point de vue.
- Si vous avez à donner votre avis, ne le faites que lorsque tous les membres du groupe se seront exprimés.
- Usez des techniques d'écoute, de relance et de reformulation, mais n'en faites pas un usage systématique.
- Ne vous laissez pas dépasser par des participants trop diserts ou violents : faites preuve d'autorité et « remettez les pendules à l'heure ».
- Au cours du débat, prenez quelques notes pour pouvoir conclure brillamment la discussion sans la déformer.
- Clôturez le débat lorsque vous sentez que les participants n'ont réellement plus rien à dire…
- Concluez et remerciez chaleureusement.

À VOUS DE JOUER !

Table ronde : la marche à suivre…
- Faites les présentations.
- Posez le problème.
- Choisissez collectivement ou imposez une procédure de travail.
- Débattez.
- Négociez des solutions.
- Prenez une décision. (Qui fait quoi ? Où ? Quand ? Comment ? Pourquoi ? Quels sont les résultats attendus ?)

La réunion

Il existe un nombre important d'ouvrages fort bien documentés sur la conduite de réunion ; aussi nous limiterons-nous aux principaux éléments à connaître pour mener ce type d'intervention dans de bonnes conditions.

Les critiques les plus classiques

« Encore une réunion, si au moins cela servait à quelque chose… »

« On fait des réunions ; les trois quarts du temps on ne sait pas pourquoi… »

« Les réunions, c'est inutile : de toute façon, les décisions sont déjà prises. La réunion, c'est juste pour nous donner l'illusion qu'on a participé. »

« La réunion, c'est mon chef qui la conduit… Comment voulez-vous que je donne sincèrement mon point de vue ? »

« Les réunions qui traînent en longueur sont ma bête noire : il m'est arrivé une fois de piquer du nez. Quand j'ai retrouvé mes esprits, je ne savais plus où me mettre ! »

« Les réunions, ça n'aboutit jamais à rien ; il faut dire qu'il y en a qui font tout pour que ça échoue. »

« Dans les réunions, ce sont toujours les mêmes qui parlent. Moi, je me tais et personne ne s'en plaint. »

Ces remarques traduisent quelques-unes des principales critiques fréquemment émises à propos des réunions. Au bout du compte, ces griefs sont directement adressés aux animateurs plutôt qu'à la nature même de la réunion, qui s'avère être une pratique indispensable pour travailler en équipe.

Éviter les réunions inutiles

Si vous avez la conviction, à un moment donné, qu'une réunion ne sert à rien, ne la faites pas ! Évidemment, ce n'est pas toujours aussi simple.

Il est des organisations dans lesquelles la réunion est une habitude culturelle fortement ancrée : on se réunit tous les vendredis matin parce que c'est comme ça depuis toujours. Que les gens aient d'autres choses à faire, que la réunion soit un gaspillage de temps et d'argent pour l'entreprise importe peu. De nombreuses sociétés ont été victimes du syndrome de la « réunionite », il y a quelques années. Depuis, les choses ont évolué, et les réunions inutiles sont devenues la bête noire de nombreux managers.

Posez-vous les bonnes questions…

• Est-ce que l'objectif que je vise justifie de rassembler dans un même lieu un certain nombre de personnes pour une durée qui peut difficilement être inférieure à une trentaine de minutes ?

• Qu'adviendra-t-il si je ne fais pas cette réunion ?

• Est-ce que je dispose d'autres solutions moins coûteuses en temps, en énergie, en déplacements pour aboutir au même résultat : utilisation du courrier, intranet, appels téléphoniques, audioconférences, affichage, notes internes, entretiens personnels ?

• Cette série de questions implique que vous ayez bien en tête l'objectif de votre communication. Que voulez-vous obtenir exactement ?

• Régler un problème ?

• Faire passer une information ?

• Recueillir des informations ?

• Mobiliser/souder une équipe ?

• Prendre une décision collective ? Résoudre un conflit ?

• Quelles sont les personnes que vous allez inviter ou convoquer à votre réunion ?

• La présence de toutes est-elle indispensable ?

On ne compte plus le nombre de réunions où des individus font « tapisserie » parce qu'ils n'ont strictement rien à y faire et que les problèmes évoqués ne les concernent aucunement.

Si vous avez su répondre aux interrogations précédentes et que la réunion s'impose, passez à l'étape suivante.

À VOUS DE JOUER !

Préparer une réunion...

Vous pouvez vous reporter au scénario suivant :

- Définissez l'objectif de façon précise et en une phrase.
- Collectez des informations pour bien connaître les questions qui seront évoquées.
- Renseignez-vous sur les personnes à qui vous allez vous adresser : quelles sont leurs attentes, leurs préoccupations, leur façon de voir les choses ?
- Envoyez les convocations dans un délai suffisant permettant à chacun de s'organiser.
- Précisez : qui est à l'initiative de la convocation, la date, l'heure, la salle et la durée prévue pour la réunion, le nom des personnes invitées, l'objectif et l'ordre du jour, l'identité de l'animateur et, le cas échéant, la documentation à consulter ou les dossiers à préparer par les participants.
- Élaborez le fil conducteur de la réunion.
- Préparez ou faites préparer par un tiers la salle et le matériel nécessaire.

Des impératifs pour l'animateur

Dans la mesure où la réunion s'apparente la plupart du temps à un processus collectif de décision, il vous appartient, à vous animateur, de faire largement appel à vos capacités d'écoute et de synthèse et de susciter d'entrée de jeu un climat favorable à l'échange.

Annoncez la durée de la réunion et faites votre possible pour vous y tenir : une réunion qui s'éternise au-delà de la durée prévue produit un effet fort désagréable. Du reste, connaître le temps pendant lequel ils vont se consacrer au travail collectif est sécurisant pour les participants.

Si les personnes présentes ne se connaissent pas, proposez de faire les présentations. Si elles ne vous connaissent pas, dites qui vous êtes et à quel titre vous intervenez. Désignez si nécessaire un secrétaire de séance.

La réunion a un objectif précis ; écrivez cet objectif noir sur blanc au tableau et expliquez bien chacun des termes employés. Assurez-vous que vos auditeurs ont bien compris cet objectif et qu'ils l'acceptent en tant que tel.

À VOUS DE JOUER !

- Créez un contexte favorable et proposez des règles d'échange.
- Permettez à chaque participant de pouvoir s'exprimer dans de bonnes conditions.
- Soyez attentif au *feed-back*.
- Utilisez la reformulation, la relance, les synthèses en cours de route.
- Posez des questions pour faire rebondir le débat.
- Évitez les digressions en rappelant l'objectif de la réunion.
- Surveillez l'écoulement du temps.
- Gérez les comportements agressifs et les réactions affectives qui constituent des freins au travail collectif.
- N'étouffez pas les conflits dans l'œuf.
- Évitez d'imposer votre point de vue.

L'assemblée générale

C'est un type de réunion qui permet, en principe, aux membres des organisations (sociétés civiles ou commerciales, associations) de prendre des décisions concernant la gestion, les activités réalisées et les projets de leur groupement. En général, le conseil d'administration décide de convoquer les actionnaires, les associés ou les membres de l'organisation.

Il est conseillé d'envoyer les convocations au moins quinze jours à l'avance. L'ordre du jour y sera formulé avec précision. Évitez par exemple les nébuleuses « questions diverses » qui sont parfois l'occasion de digressions interminables, de prises de pouvoir sur le groupe ou de conflits interpersonnels. Associer – en amont – les participants à la rédaction de l'ordre du jour permettra d'éviter à la fois les frustrations et les dérapages dus aux fameuses « questions diverses ».

La lecture de documents comptables, de rapports, de comptes rendus moraux ou financiers est rarement jubilatoire. Faites preuve d'humour et d'à-propos quand vous présidez une assemblée générale. Prévoyez des ruptures dans le rythme de votre intervention.

Le groupe de travail

L'image individualiste de la personne au travail est aujourd'hui largement remise en question : pour prendre des décisions, opérer des choix stratégiques, proposer des idées nouvelles, le groupe se révèle, la majeure partie du temps, plus efficace et plus fiable que l'individu pris isolément. À condition, toutefois, que le collectif ne s'installe pas dans le conformisme ou l'inertie et que les tensions – inévitables – soient utilisées de manière constructive. Nous allons examiner plusieurs cadres, plusieurs procédures qui permettent la création collective. À vous de choisir la configuration qui vous paraît la plus adaptée au but que vous recherchez. En outre, rien ne vous empêche d'aménager ces méthodes selon votre sensibilité ou vos aspirations.

LA TECHNIQUE DU PHILLIPS 6.6[1]

Cette technique de sous-groupes, mise au point en 1948 par J. Donald Phillips, est très utile pour régler des questions précises et permettre à tout le monde de faire valoir ses idées, notamment lorsqu'on a affaire à un groupe de taille importante. De plus, elle permet de s'organiser dans un timing assez serré.

- Les membres du groupe se répartissent librement par groupes de six personnes pour travailler sur une question clairement définie.
- Un rapporteur et un animateur sont désignés dans chaque groupe.
- Pendant six minutes, les participants débattent du point évoqué dans leur sous-groupe, chacun disposant d'une minute pour s'exprimer.
- Puis les rapporteurs font état, à tour de rôle, des remarques ou des idées qui ont été proposées dans leur équipe et ce, pendant six minutes.
- On passe ensuite au point suivant.

L'animateur peut procéder à des synthèses partielles et solliciter des prises de décision négociées collectivement. En outre, la méthode peut être adaptée en fonction des situations et des objectifs à atteindre.

Le panel

Comment débattre d'une question délicate avec un groupe d'une soixantaine de personnes ? Vous pouvez utiliser la technique de l'échantillonnage également connue sous l'appellation « discussion en panel ». Le

---

1. 6.6 : Six participants pendant six minutes.

principe est le suivant : un petit groupe de six à huit personnes est constitué. Les individus sont désignés au hasard ou choisis en fonction de compétences particulières ou d'affinités individuelles.

Ces personnes vont discuter, en présence d'un animateur, devant les autres participants. Ces derniers ne pourront intervenir qu'en adressant à l'animateur ou à l'un des membres de l'échantillon des messages écrits, sur de petits morceaux de papier. L'animateur veille à ce que la transmission des papiers se fasse discrètement, sans perturber la discussion en cours. Les papiers sont lus lorsque le débat concernant la question précédente est épuisé.

Cette pratique, certes un peu frustrante pour les observateurs, possède aussi des avantages : elle permet de débattre dans le calme et oblige à une réflexion et à une écoute de qualité de la part du public. L'utilisation de la communication écrite permet de prendre du recul par rapport au sujet et de dégonfler certaines formes de réactivité.

Si le thème de la discussion peut être décliné en plusieurs points, rien ne vous empêche de faire intervenir à tour de rôle des panels composés à chaque fois de personnes différentes. Mais attention, les nouveaux intervenants doivent s'interdire de régler des comptes avec les débatteurs qui les ont précédés.

L'animateur, quant à lui, doit toujours garder à l'esprit l'objectif de travail – et le rappeler aussi souvent que nécessaire –, et faciliter la communication. Après chaque phase du débat (une quinzaine de minutes), il procède à la synthèse de ce qui vient d'être dit et enchaîne en présentant l'étape suivante.

Suivant la situation, la fin de l'intervention peut donner lieu à une synthèse globale, suivie d'une prise de décision associée à des actions concrètes à mettre en œuvre.

La prise de décision

Si les participants sont en désaccord sur les décisions à prendre, si la négociation tourne en rond, vous pouvez être contraint, dans certaines circonstances, à imposer des choix de façon arbitraire en vous fondant sur un calcul mathématique. Toutefois, il faut savoir que ces pratiques ne sont pas sans provoquer des insatisfactions chez les participants. Et une solution correctement négociée sera toujours plus efficace et impliquera davantage les personnes concernées que la loi du plus grand nombre.

- **Le vote simple** : c'est la solution qui paraît la plus satisfaisante pour la majorité des membres du groupe qui l'emporte.
- **Le vote pondéré** : chaque participant retient deux solutions parmi celles qui lui semblent les plus valables. À la première, il attribue deux points ; à la seconde, un point. La solution choisie est celle qui obtient le plus grand nombre de points.

Le *brainstorming*

Rien de tel qu'une bonne « tempête dans les cerveaux », – un « remue-méninges » pour nos amis québécois –, pour mettre en place une démarche de création collective ! Imaginé par un publicitaire américain dans les années trente, le *brainstorming* peut être utilisé dans différentes situations :

- pour mettre des idées en commun ;
- pour lancer un projet, un produit ;
- pour régler un problème.

Le *brainstorming* rassemble un petit groupe de personnes (au maximum douze) et un animateur dans un endroit convivial. Ils ont pour tâche de produire, en un temps limité, un maximum d'idées à partir d'un thème de départ. Toutes les idées, même les plus saugrenues, sont les bienvenues. Les participants peuvent jouer sur les mots, procéder par glissement de sens, association de sons ou d'images, condenser les syllabes de plusieurs mots.

Toutes les idées, toutes les propositions sont notées en vrac au tableau par l'animateur sans souci d'une quelconque structuration de cette matière première. Comptez cinquante minutes pour cette étape.

Pendant la phase de recherche, les participants s'interdisent toute critique, tout jugement de valeur sur ce que les autres ont proposé. Ils acceptent toutes les idées sans imposer de barrière ou de censure. Chacun s'accorde sur le fait qu'une idée, une fois émise, appartient au fonds commun, les autres participants étant libres d'en disposer pour faire rebondir la recherche collective.

L'animateur veille à ce que ces règles soient respectées. Il doit en outre faire preuve de rigueur et de bienveillance dans sa façon de diriger le groupe ; relancer l'inventivité des participants en cas de « panne sèche » et faire le point de temps à autre sur l'avancement des travaux.

À VOUS DE JOUER !

Les étapes du *brainstorming*

1. Présentez le thème et les objectifs de travail.

2. Expliquez la démarche du *brainstorming*.

3. Lancez l'échauffement du groupe (échanges du tac au tac, courtes improvisations sur un mot ou un proverbe, etc.).

4. Phase de production : recueillez les idées du groupe.

5. Phase d'analyse : les idées sont arrangées en fonction de valeurs ou de critères définis collectivement. La phase d'analyse donne lieu à des échanges et à des négociations.

6. Prise de décision.

À noter : La phase d'analyse et la prise de décision sont souvent effectuées par des personnes extérieures au groupe qui a pratiqué le *brainstorming*.

Le Metaplan®

Il s'agit d'une méthode qui associe une réflexion personnelle et un échange interindividuel. L'animateur formule une interrogation très précise concernant le thème en jeu. Exemple : « Comment améliorer l'information des citoyens dans notre ville ? »

Il remet ensuite à chacun des participants des fiches bristol de couleurs différentes, chaque couleur faisant référence à une signification préétablie.

Pendant une vingtaine de minutes, et dans le silence, les participants vont exprimer par écrit, individuellement et de façon anonyme, une seule idée par fiche. Ils peuvent noter jusqu'à huit mots, signes ou dessins pour chaque idée.

À la fin de cette phase de production, les fiches sont épinglées au tableau et leur contenu est analysé, commenté et explicité pendant environ quinze minutes.

La synthèse des propositions est menée collectivement pendant une vingtaine de minutes et un plan d'action est élaboré.

À VOUS DE JOUER !

Quelques conseils pour travailler en groupe...

▦ Indiquez clairement le sens de l'action collective.
▦ Faites en sorte que les membres du groupe s'entendent sur un objectif commun.
▦ Acceptez les erreurs (celles des autres et les vôtres).
▦ Sachez vous remettre en question.
▦ Soyez optimiste, cohérent et intègre.
▦ Ayez confiance dans les autres.
▦ Soyez capable d'anticiper.

SOLUTIONS DES EXERCICES DU CHAPITRE 11

Exercice p. 226 : Mieux travailler en équipe

Perdus sur la Lune

Objets	Point de vue de la NASA	Classement NASA	Classement individuel	Points d'erreur	Classement collectif	Points d'erreur
Une boîte d'allumettes	Aucun intérêt : l'absence d'oxygène ne permet pas de les enflammer.	15				
De la nourriture lyophilisée	Pour réparer les pertes d'énergie.	4				
50 mètres de corde de Nylon	Pour se mettre en cordée, escalader des rochers, tirer des blessés.	6				
Un parachute en soie	Peut servir à se protéger des rayons solaires.	8				
Un appareil de chauffage fonctionnant à l'énergie solaire	Sans intérêt sur la face éclairée de la lune où il fait très chaud.	13				
Deux pistolets calibre 45	Peuvent servir à accélérer la propulsion (pas besoin d'oxygène pour que l'explosion ait lieu)	11				
Une caisse de lait en poudre	Plus encombrante que les aliments lyophilisés.	12				
Deux réservoirs de 50 kg d'oxygène chacun	Élément de survie essentiel.	1				
Une carte céleste des constellations lunaires	Indispensable pour s'orienter et rejoindre la base.	3				

Un canot de sauvetage autogonflable	Pour tracter les objets ou les blessés. Le gaz utilisé (CO_2) peut également servir à la propulsion.	9					
Un compas magnétique	Aucun intérêt sur la Lune : le champ magnétique n'y est pas polarisé.	14					
25 litres d'eau	Indispensable, notamment pour compenser la déshydratation due à la chaleur.	2					
Une trousse médicale et des seringues hypodermiques	Les piqûres de vitamines, sérum, etc. nécessitent une ouverture spéciale dans le scaphandre (prévue par la NASA.)	7					
Des fusées lumineuses	Utiles à l'approche de la base.	10					
Un émetteur-récepteur FM fonctionnant à l'énergie solaire	Utile pour communiquer avec la base (à faible distance)	5					

Comptage des points

Les points d'erreur sont la différence absolue entre votre classement et celui de la NASA. Par exemple, si vous avez mis la boîte d'allumettes en 1, comptez 15 – 1 = 14 points d'erreur. Si vous avez placé les 25 litres d'eau en 3, comptez 3 – 2 = 1 point d'erreur.

Évaluation

De 0 à 25 points : excellent score.
De 26 à 32 points : score satisfaisant.
De 33 à 45 points : score moyen.
De 46 à 55 points : score médiocre.
Plus de 56 points : mauvais score.

Conclusion

Vérification des acquis

Grâce à cet ouvrage, vous disposez d'un certain nombre de savoirs et d'outils pour communiquer avec un groupe de manière efficace. Il ne vous reste plus qu'à mettre ces connaissances en pratique sur le terrain ! Il faut savoir que, dans tout ce qui touche aux relations humaines, on ne progresse que par une suite d'essais et d'erreurs. Accepter de commettre des maladresses et en prendre conscience pour modifier sa conduite se révèle la plupart du temps un enseignement d'une grande richesse.

Reportez-vous aux chapitres correspondants pour vous assurer que vous avez bien compris les pratiques suivantes :

• caractéristiques des groupes ;
• connaissance des comportements individuels et compréhension des phénomènes de groupe ;
• tâches de l'animateur ;
• préparation à l'animation de groupe ;
• pratiques de communication ;
• résolution des conflits ;
• animations dans différents contextes et selon des objectifs précis.

Entraînement

Au travail, en famille, entre amis, exercez-vous à l'utilisation de ces savoir-faire. Observez quels sont les effets produits sur vos interlocuteurs. Si nécessaire, modulez vos conduites. Intégrez peu à peu ces techniques dans vos animations de groupe.

Mise en garde

Vous vous êtes sans doute trompé de piste si vous utilisez les procédés présentés dans ce livre avec pour motivation principale :

- de manipuler le groupe ;
- d'imposer votre point de vue ;
- de prendre plaisir à exercer un pouvoir sur autrui ;
- d'apaiser vos frustrations personnelles ;
- d'utiliser le groupe pour flatter votre ego.

Toute intervention dans un groupe se rapproche plus ou moins du mouvement suivant :

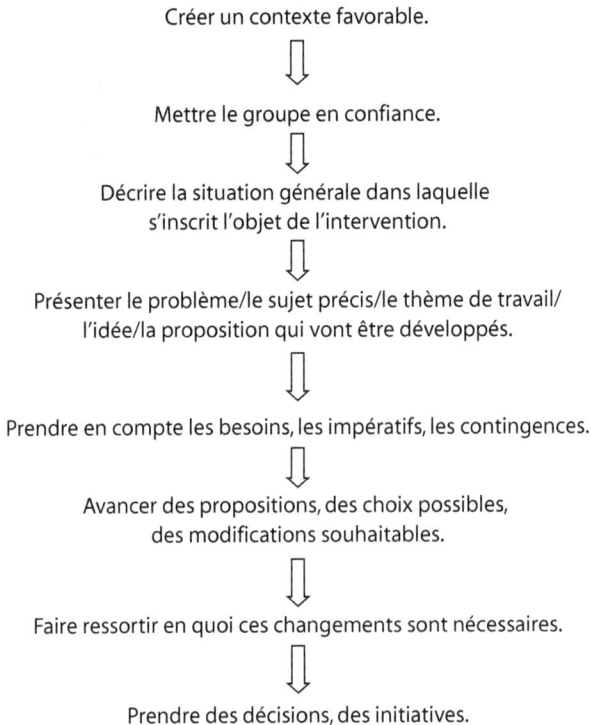

Créer un contexte favorable.

⇩

Mettre le groupe en confiance.

⇩

Décrire la situation générale dans laquelle
s'inscrit l'objet de l'intervention.

⇩

Présenter le problème/le sujet précis/le thème de travail/
l'idée/la proposition qui vont être développés.

⇩

Prendre en compte les besoins, les impératifs, les contingences.

⇩

Avancer des propositions, des choix possibles,
des modifications souhaitables.

⇩

Faire ressortir en quoi ces changements sont nécessaires.

⇩

Prendre des décisions, des initiatives.

Chacune de ces étapes est-elle parfaitement claire pour vous ?

Faites appel à votre mémoire !

- La dernière fois que vous avez conduit un groupe, comment s'est déroulée votre intervention ?
- Sur quelles observations vous fondez-vous pour affirmer cela ?
- À quels moments, selon vous, votre public s'est-il montré attentif ?
- Qu'avez-vous remarqué concernant les membres du groupe et qu'est-ce qui, à votre avis, a captivé vos auditeurs ?
- Qu'avez-vous ressenti à ce moment-là ?
- À d'autres moments, avez-vous observé des décrochages ? Comment se sont-ils manifestés ? Quelle a été votre réaction ?
- Avez-vous été agressé verbalement ?
- Comment avez-vous pris la chose ?
- Que souhaiteriez-vous améliorer dans ce *check-up* ?
- Pensez-vous que votre public représente un danger potentiel pour vous ?
- Pour quelles raisons ?

Votre groupe est-il en bonne santé ?[1]

En utilisant le diagramme « radar » ci-dessous, évaluez la santé de votre groupe en attribuant pour chaque axe une note de 0 à 7. Reliez ensuite les points pour dessiner un polygone. Que vous inspire sa forme ? Quels sont les axes à travailler de façon prioritaire ? Avec quels outils ? Vous pouvez faire effectuer ce travail individuellement et débriefer en groupe. L'observation et l'analyse de ces facteurs permet, le cas échéant, de réorienter les objectifs du groupe, de perfectionner les processus et de renforcer l'unité du groupe.

1. Tiré de H. G. DIMOCK, R. KASS, R. R. KASS, *How to Observe Your Group*, Concord, Ontario, Captus Press, 2007.

Productivité : Un groupe qui atteint ses objectifs et parvient, en respectant les critères qu'il s'est fixés, à accomplir la tâche qui lui revient, suscite un haut degré de satisfaction et de fierté chez ses membres. Ceux-ci se sentent engagés dans le projet commun et se sentent valorisés personnellement par les réussites collectives. Un travail de planification et de suivi permet d'assurer une forte productivité. À combien évaluez-vous les performances de votre groupe dans ce domaine ?

Cohésion : La cohésion est un facteur déterminant pour l'efficacité collective et le développement individuel. Un groupe soudé est bien plus efficace que des individus faisant « cavaliers seuls ». Selon vous, les membres de votre groupe ont-ils envie de rester ensemble ? Ont-ils un but commun ? Ont-ils envie d'avancer dans le même sens et de se serrer les coudes ? Se sentent-ils unis et adhèrent-ils comme un seul homme au projet collectif ? De 0 à 7, quelle note donneriez-vous ?

Interactions : Plus les membres interagissent ensemble, sans ruptures de communication, plus le groupe est en mesure de se développer et de remplir ses missions. Tous les membres échangent-ils des informations entre eux ? Savent-ils s'écouter et prendre en compte les idées de leurs pairs ? Les gens sont-ils en sécurité lorsqu'ils s'expriment ou bien font-ils l'objet de remarques ironiques, de jugements, de prêts d'intention ? Livrent-ils facilement leurs sentiments ? L'autorité est-elle perçue comme un frein ? Qui prend les décisions ? Le groupe ? Un décideur ? Les rôles respectifs des uns et des autres sont-ils acceptés sans problème ou existe-t-il des rivalités, des jalousies ? Observez-vous la présence de clans, de sous-groupes, de factions ? Évaluez cet axe sur le diagramme.

Engagement : Observez-vous un fort taux d'absentéisme, d'inertie, de désistement, de retrait, de départ ? Relevez-vous un manque d'énergie généralisé, un désintérêt pour la tâche à accomplir ou un faible esprit d'équipe chez les personnes ? Dans ce cas, les membres ont un faible niveau d'engagement dans le groupe. Ils ne savent pas trop pourquoi ils sont là et ce qu'ils ont à y faire. De 0 à 7, évaluez ce critère.

Climat : Comment globalement évalueriez-vous le climat de votre groupe ? L'ambiance de travail vous paraît-elle satisfaisante ? Percevez-vous des tensions émotionnelles, un esprit de compétition ? De façon générale, les individus se sentent-ils en sécurité dans le groupe ? Du point de vue matériel, disposez-vous d'un lieu accueillant, bien équipé, bien chauffé, correctement éclairé ? Le mobilier est-il disposé de telle sorte que les individus puissent facilement communiquer ? Les personnes disposent-elles d'un endroit où elles peuvent s'isoler ? Ces critères sont importants pour favoriser l'équilibre et la croissance du groupe.

Évaluation de l'animation

Les grilles d'auto-évaluation sont souvent d'une utilisation malaisée pour les animateurs parce qu'il est impossible de s'observer en situation en tenant compte de toutes les données contextuelles. On peut utiliser cette image : comment voulez-vous nager dans les vagues et vous regarder depuis la plage, allongé sur le sable, en train d'accomplir cette action ?

L'utilisation d'une caméra vidéo placée discrètement sur pied au fond de la salle et le visionnage critique de l'intervention *a posteriori* présentent certains inconvénients : rares sont les gens qui aiment leur image ; on a souvent tendance à se focaliser sur des détails, des tics ou des gestes insignifiants. La façon dont vous vous voyez ne présume donc en rien de la façon dont vous avez été perçu par vos auditeurs. De plus, il est très difficile, hors contexte, d'interpréter son propre comportement.

Il est en revanche très intéressant de confier l'évaluation de votre prestation à une personne de votre connaissance qui a l'habitude d'intervenir dans des groupes. Placée dans le public, cette personne sera plus à même d'établir un diagnostic satisfaisant. L'évaluation restera évidemment subjective, mais elle vous permettra en tout cas d'éviter toutes les distorsions causées par votre moi.

Assurez-vous que votre évaluateur accepte sincèrement et en toute bienveillance de vous observer et, au besoin, communiquez-lui la grille ci-dessous que vous pouvez également utiliser vous-même pour votre propre compte !

GRILLE D'ÉVALUATION

Quelle première impression globale l'animateur a-t-il produite ?

I. À propos des contenus…

1. Le public a-t-il été accroché dès le départ par une entrée en matière dynamique ?

2. L'objectif, le thème, le propos, la méthode de travail ont-ils été définis de façon claire dès le début de l'intervention ?

3. Le scénario et les arguments choisis pour faire progresser le discours ou le débat étaient-ils convaincants et adaptés à la situation ?

4. À la fin de l'intervention, l'animateur a-t-il procédé à une synthèse de ce qui a été dit, proposé ou décidé ?

5. A-t-il conclu de façon marquante et remercié les participants ?

II. Concernant l'expression verbale, évaluez les points suivants :

6. Présence de la voix :

7. Ton :

8. Articulation :

9. Débit :

10. Utilisation du silence :

11. Pertinence du vocabulaire utilisé :

III. Quant à l'expression non verbale, qu'avez-vous noté concernant :

12. La façon dont l'intervenant se déplace et occupe l'espace :

13. Ses postures :

14. Sa gestuelle :

15. Les expressions de son visage :

16. Son regard :

IV. Au niveau de la communication avec le groupe, l'intervenant a-t-il été capable de :

17. Respecter le temps prévu pour l'intervention ?

18. Limiter les digressions sans pour autant faire preuve de rigidité ?

19. Faciliter le dialogue et encourager la prise de parole par tous les participants ?

20. Réguler les échanges entre les membres du groupe ?

21. Tenir compte du *feed-back* ?

22. Gérer les comportements à problème et les prises de pouvoir ?

23. Arbitrer les conflits ?

24. Faire preuve d'une attitude d'écoute bienveillante ?

Votre aptitude à animer un groupe, votre assurance, votre sens de l'écoute et votre brio vous permettront de découvrir de nouvelles possibilités pour travailler avec les autres, même dans des situations apparemment problématiques. Avec l'expérience, vous éprouverez un réel plaisir à conduire un collectif et à coopérer avec lui.

Les dix axiomes de la communication

Le tableau suivant recense les dix axiomes de base de la communication humaine. Je vous propose, en guise de conclusion, de les méditer de temps en temps.

1.	« Il est impossible de ne pas communiquer » : tout comportement a valeur de message et, en dehors du sommeil ou de la mort, il n'existe pas de non-comportement.
2.	L'essentiel de la communication est non verbal.
3.	La nature de la relation qui unit les protagonistes influence fortement la façon dont le message est reçu et interprété.
4.	Le contexte dans lequel une situation est vécue joue sur la perception que l'on en a.
5.	Ce sont les récepteurs qui « font » la communication : vous ne comprendrez réellement ce que vous avez voulu dire que lorsque vous verrez la réaction que cela produit chez vos interlocuteurs.
6.	« La carte n'est pas le territoire » : votre vision de la réalité n'est pas la réalité mais la représentation que vous vous en faites.
7.	Pour être compris par vos interlocuteurs, vous devez vous placer sur la même longueur d'onde qu'eux, tenir compte de leur « représentation du monde ».
8.	La communication est un processus circulaire : votre comportement agit sur les comportements de vos auditeurs qui, par suite, agissent sur votre comportement, etc. Ce fonctionnement forme une série de boucles ininterrompues.
9.	« Communiquer, c'est entrer dans l'orchestre. »
10.	La communication et les comportements humains ne sont pas rationalisables ; nos émotions ne sont pas programmables.

Pour entrer en contact avec l'auteur : carre@cpmn.info
www.communication-consciente.com

BIBLIOGRAPHIE

AMADO Gilles, GUITTET André, *La Dynamique des communications dans les groupes*, Armand Colin, Paris, 1997.

ANDRÉ Stéphane, *Le Secret des orateurs*, ESF, Paris, 1992.

BERNE Éric, *Que dites-vous après avoir dit bonjour ?*, Tchou, Paris, 1977.

BIGEARD Martine, *Équipe gagnante, Jeu de formation au management d'équipe*, Éditions d'Organisation, Paris, 2001.

BOUGNOUX Daniel, *La Communication contre l'information*, Hachette, Paris, 1996.

BOUVARD Claude, BUISSON Monique, *Gérer et animer un groupe*, Éditions d'Organisation, Paris, 1988.

BRULÉ Alain, *Savoir dialoguer et convaincre*, Retz, Paris, 1997.

CABIN Philippe et coll., *La Communication, état des savoirs*, Auxerre, Sciences Humaines Éditions, 1998.

CARRÉ Christophe, *Manuel de manipulation à l'usage des gentils, L'Art de l'élégance relationnelle*, Paris, Éditions Eyrolles, 2013.

CARRÉ Christophe, *L'Auto-manipulation, Comment ne plus faire soi-même son propre malheur*, Paris, Éditions Eyrolles, 2012.

CARRÉ Christophe, *Obtenir sans punir, Les secrets de la manipulation positive avec les enfants*, Paris, Éditions Eyrolles, 2012.

CARRÉ Christophe, *Sortir des conflits*, Paris, Éditions Eyrolles, 2010.

CARRÉ Christophe, *50 Exercices pour maîtriser l'art de la manipulation*, Paris, Éditions Eyrolles, 2010.

CARRÉ Christophe, *50 Exercices pour résoudre les conflits sans violence*, Paris, Éditions Eyrolles, 2009.

CAYROL Alain, SAINT PAUL (DE) Josiane, *Derrière la magie, la programmation neurolinguistique*, InterÉditions, Paris, 1984.

CIALDINI Robert, *Influence et manipulation*, Paris, Éditions First, 1990.

CHALVIN Dominique, *Les Nouveaux Outils de l'analyse transactionnelle*, ESF, Paris, 1993 (5e édition).

CHALVIN Dominique, *L'Affirmation de soi*, ESF, Paris, 1992 (7e édition).

CUNGI Charly, *Savoir s'affirmer*, Retz, Paris, 1996.

DESTREZ Thierry, *Demain je parle en public : réussir vos interventions orales*, Dunod, Paris, 1998.

FABRE Michel, *Être authentique, donner du sens*, Les Presses du management, Paris, 1998.

GARDNER Howard, *Les Intelligences multiples*, Retz, Paris, 1996.

GOLEMAN Daniel, *Cultiver l'intelligence relationnelle*, Paris, Robert Laffont, 2009.

GRUERE Jean-Pierre, STERN Patrice, *Faciliter la communication de groupe*, Editions d'Organisation, Paris, 2002.

HALL Edward T., *La Dimension cachée*, Le Seuil, Paris, 1971.

KORZYBSKI Alfred, *Une carte n'est pas le territoire*, Paris, Éditions de l'Éclat, 2001.

KORZYBSKI-BELLIARD Françoise, *Du désir au plaisir de changer*, Paris, InterEditions, 1995.

LABORDE Génie, *Influencer avec intégrité : la PNL dans l'entreprise*, Inter Editions, Paris, 1987.

LABORIT Henri, *Éloge de la fuite*, Paris, Robert Laffont, 1976.

LEFÉVRE Jean-Michel, *Savoir communiquer à l'ère des nouveaux médias*, Dunod, Paris, 1998.

MAISONNEUVE Jean, *La Dynamique des groupes*, PUF, « Que sais-je ? » n° 1 306, Paris, 1997 (12ᵉ édition).

MALAREWICZ Antoine, *Guide du voyageur perdu dans le dédale des relations humaines*, Paris, ESF, 1992.

MARC Edmond, PICARD Dominique, *L'École de Palo Alto*, Paris, Retz, 2006.

MASLOW Abraham, *Motivation and Personality*, Harper and Row, New York, 1970.

MYERS David G., LAMARCHE Luc, *Psychologie sociale*, Montréal-Toronto, Chenelière/MacGraw-Hill, 1992.

MUGNY Gabriel et coll., *Relations humaines, groupes et influence sociale*, PUG, Grenoble, 1995.

PAGES Max, *La Vie affective des groupes*, Dunod, Paris, 1997.

ROSENBERG Marshall B., *Les Mots sont des fenêtres (ou bien ce sont des murs)*, Paris, Syros, 1999.

ROSENTHAL R., JACOBSON L., *Pygmalion à l'école*, Casterman, Tournai, 1972 (épuisé).

SALVET Jean-Marc, *Du management panique à l'entreprise du XXIᵉ siècle*, préface de CROZIER Michel et SERIEYX Hervé, Maxima, Paris, 1999.

TIMBAL-DUCLAUX Louis, *Les Réunions avant–pendant–après*, Retz, Paris, 1989.

WATZLAWICK Paul, *Les Cheveux du baron de Münchhausen*, Paris, Le Seuil, 1991.

WATZLAWICK Paul (sous la direction de), *L'Invention de la réalité*, Paris, Le Seuil, 1988.

WATZLAWICK Paul, *Le Langage du changement*, Paris, Le Seuil, 1980.

WATZLAWICK Paul, *La Réalité de la réalité, confusion, désinformation, communication*, Paris, Le Seuil, 1978.

WATZLAWICK Paul, HELMICK BEAVIN Janet et JACKSON Don D., *Une logique de la communication*, Paris, Le Seuil, 1972.

WATZLAWICK Paul, WEAKLAND John et FISH Richard, *Changements, Paradoxes et psychothérapie*, Paris, Le Seuil, 1975.

WITTEZAELE Jean-Jacques, *L'Homme relationnel*, Paris, Le Seuil, 2003.

Du même auteur aux Éditions Eyrolles

Manuel de manipulation à l'usage des gentils, ou l'art de l'élégance relationnelle, 2013.

L'auto-manipulation : comment ne plus faire soi-même son propre malheur, 2012.

Obtenir sans punir, les secrets de la manipulation positive avec les enfants, 2012.

Sortir des conflits, 2010.

50 Exercices pour résoudre les conflits sans violence, 2009.

50 Exercices pour maîtriser l'art de la manipulation, 2009.

www.ingramcontent.com/pod-product-compliance
Lightning Source LLC
Chambersburg PA
CBHW061148220326
41599CB00025B/4402